《自由中國》選編 選集2
司法與人權

薛化元、李福鐘、孫善豪
陳儀深、潘光哲　◎編選

序

　　《自由中國》半月刊創刊於一九四九年十一月二十日，至一九六〇年九月一日發行最後一期（23卷5期）為止，它在台灣生存了將近十一年，一共發刊二百六十期，每期發行數量可高達一萬二千本。就一份政論雜誌而言，能維持如此長久的時間，並吸引廣大的讀者群，洵稱異數；它在一九五〇年代台灣歷史舞台上的重要地位，更深受肯定，研究成果，頗稱豐碩。

　　《自由中國》籌辦之初，以對抗中國共產主義捲起的時代風暴為根本宗旨，宣傳自由與民主的理念，則被視為是思想鬥爭的理論武器。集合在「自由中國」這面旗幟下的「自由派知識分子」，以胡適為精神領袖，雷震為行動首腦，在風雨飄搖的時代裡，務求盡其本份地阻擋國際共產主義「赤潮」的泛濫。正如胡適在太平洋上所寫成的《自由中國》的宗旨：

> 我們在今天，眼看到共產黨的武力踏到的地方，立刻罩下了一層十分嚴密的鐵幕。在那鐵幕底下，報紙完全沒有新聞，言論完全失去自由，其他的人民基本自由更無法存在。這是古代專制帝王不敢行的最徹底的愚民政治。這正

是國際共產主義有計劃的鐵幕恐怖。我們實在不能坐視這種可怕的鐵幕普遍到全中國。因此，我們發起這個結合，做為自由中國運動的一個起點。

我們的宗旨，就是我們想要做的工作，有這些：

第一、我們要向全國國民宣傳自由與民主的真實價值，並且要督促政府（各級的政府），切實改革政治經濟，努力建立自由民主的社會。

第二、我們要支持並督促政府用種種力量抵抗共產鐵幕之下剝奪一切自由的極權政治，不讓他擴張他的勢力範圍。

第三、我們要盡我們的努力，援助淪陷區的同胞，幫助他們早日恢復自由。

第四、我們的最後目標是要使整個的中華民國成為自由的中國。

胡適的這一段話，刊載在此後每一期的《自由中國》上，深具「標竿」意義，也應當是檢視《自由中國》努力方向的最高判準。

不容否認的是，《自由中國》的面世，和流亡台灣意欲重振旗鼓的中國國民黨政權及其最高當局，有密切的關係，甚至獲得了相當實質的支援。然而，這分刊物為了實現與堅持自身揭櫫的理想，終於走上向中國國民黨在台灣所形塑的威權體制挑戰的道路，想要為培植那些可以掙脫重重桎梏，在青天下怒放迎春的生

命力量，奮起以爭。《自由中國》對於強人威權體制竭力掩蓋的
敏感問題，以及弄權恣爲的錯誤，基本上都能在其成立宗旨的基
礎上，據理以爭，犀利的針砭所及，鼓舞著苦悶的精神，激動著
蟄伏的人心。在整個的一九五〇年代，《自由中國》是台灣最受
矚目的政論刊物，影響遍及海內外。

　　黨國威權體制面對《自由中國》的筆鋒文采，在以理服人的
層次上，完全沒有可以回應的本事。先是一面動之以情，一面威
脅施壓，始終無法動搖《自由中國》的基本立場。最後，他們只
能憑恃著自己掌握的國家機器，動用最赤裸裸的暴力來打壓。黨
政軍文宣機構的「圍剿」猶不足，終於繼之以法筶刑罰，《自由
中國》的生命，以雷震等人在一九六〇年九月四日的被捕入獄，
被迫走上終點。號稱「自由中國」的土地，其實是名實不符，沒
有自由的。

　　不過，大江總是向東奔流的，黨國威權體制終究由鬆動而告
步向土崩瓦解。《自由中國》獨特的生命旅程，不再是重重謎霧
籠罩的歷史命題，完全可以跳脫政治神話的囚籠，汲取思想刺激
的時代，已經降臨。今日重行回顧《自由中國》的生命史，我們
的視野自然可以更寬廣些，不再只矚目於它挑戰黨國威權體制的
政治面向。畢竟，《自由中國》涵括的訊息，實非僅侷限於政治
領域而已。例如，關於一九五〇年代中國大陸政治、經濟、社會、
文化層面歷經的「改造」，它有相當多的報導，等於是形塑當時

台灣的「中國觀」的資訊來源之一；在世界冷戰格局的形成過程裡，《自由中國》的言論，則象徵著台灣自由主義者對這樣的世界秩序的認知。至於台灣在一九五〇年代的社會變遷、經濟成長、文化發展等等面向，《自由中國》也是一扇深具反映時代意義的窗戶，可以拓寬我們對於一九五〇年代台灣歷史的認知與理解。

　　靜立在書架上已然泛黃的《自由中國》，正等待著人們以全新的視野來理解它，正等待著人們以多元的問題意識來詮釋它。重行翻閱檢視《自由中國》，正是我們進入漫無邊際的廣袤反思空間，重行編織我們的「意義之網」（web of significance）的標誌。

　　自由思想學術基金會的成員向來強烈的關心「自由思想」的研究與推廣，對《自由中國》的歷史重要性，亦有相當的認知。推動《自由中國》全帙重新問世，夙有此願。《自由中國》的主導者雷震的後人贊同此議，陳水扁總統對此也表示關心。本基金會陳宏正董事更積極奔走，一方面透過當時民進黨許陽明副秘書長，尋求有關單位支持的可能；一方面也與遠流出版公司王榮文董事長商量重新印行整套《自由中國》的計畫。前任文化總會黃石城秘書長、蘇進強副秘書長，基於《自由中國》之歷史意義，決定贊助部分經費，本書編者之一的薛化元董事，也在陳宏正董事與王榮文董事長的支持下，開始進行《自由中國》目錄及索引的編纂工作，並出版了《《自由中國》全23卷總目錄暨索引》一

書（台北：遠流出版公司，2000）。不過，歷經年餘的努力，我們無法取得《自由中國》所有著作人的同意，不得不放棄出版整套《自由中國》的構想。後經新任文化總會黃輝珍秘書長的支持，我們乃決定，從《自由中國》全帙裡輯其精華，以出版《自由中國選集》爲目標，遂終有本書之成。在纂輯過程裡，亦承國科會人文學研究中心主任林正弘教授的鼓勵。謹此對各方先進的協助扶持，深致謝忱。

這套選集的編纂工作得以順利完成，實需感謝編輯小組：中研院近史所陳儀深教授、政治大學政治系孫善豪教授、李福鐘博士與本基金會潘光哲執行長等人的參與，尤賴於本基金會薛化元董事提調督導編印全程的工作。孫善豪教授除獻力於編輯事務外，亦代爲設計封面。全書之打字、校對、排版方面的工作，實得力於周夢如小姐、陳雪琴小姐、何雯琪小姐、楊秀菁小姐、劉芳瑜小姐的幫忙。至於全書得以順利印行面世，亦需感謝本基金會李明仁董事和稻鄉出版社的協助。均此再致謝忱。

自由思想學術基金會謹識　2003年7月4日

司法獨立與人權保障

——司法與人權導論

薛化元

從近代自由主義國家構成的理論來看，司法與人權保障的相互關係在理論上扮演著舉足輕重的角色。基本上，其思想是近代啓蒙(enlightenment)運動以降，國家理論的重要發展。以近代天文物理學的革命爲契機，基督教世界的價值遭到強力挑戰，此舉「解除了世界的魔咒」，人不僅有能力思考、認知到真理（自然法），也不再是上帝意志的產物或附屬品。在理論層面上，自啓蒙運動以來思想發展的準軸，人的價值開始以自我爲出發點來加以肯定，也就是以人作爲人的價值的主軸。在此一理論轉變的脈絡中，隨著以神或上帝爲名所建構的秩序遭到質疑，「君權神授」正當性基礎蕩然無存。[1] 而以「自然法」重新建構的政治理論，成爲近代國家理想型態的重要基礎之一。在「政治自由」的層面，

---

[1] 參見薛化元等著，《戰後台灣人權史》（台北：國家人權紀念館籌備處，2003），頁2-3。

洛克（John Locke）是人權理論與自由主義國家理論最重要的奠基者。[2]

　　實際上，主張專制主義的霍布斯（Thomas Hobbes）雖然遭到抱持自由民主思想者的批判，但是對他而言，國家存立的基礎及正當性，基本上亦是緣自於（自然法狀態）個人安全的需求。而後起的洛克與霍布斯最大差異之一，則是對於自然權利（人權）的堅持。作爲古典自由主義代表的洛克，將人權的保障作爲國家工具說存立的基礎。[3] 他主張在自然法的狀態下，人人都有自由，但自己的自由都可能被別人所侵害，與霍布斯主張人將自然權交給國家不同，洛克做出的貢獻就是把人在自然狀態下的自然權，

---

[2] 就政治思想史而言，政治上早期的古典自由主義大體上是以洛克（John Locke）、孟德斯鳩（Charles Motesquieu）、盧梭（Jean Jacques Rousseau）為代表，其中洛克的代表性最得到公認。而孟德斯鳩及盧梭的思想則受到質疑。參見許志雄，《權力分立之理論與現實》（台北：作者印行，1985），頁21-2、55-8。基本上孟德斯鳩的主要爭議點是將自由完全定位在「國家內部」及「法律」之下，完全沒有保障人權的基本構想，例如孟氏的學說中便缺乏類似違憲審查權概念的存立與發展的可能，且處處以封建體制下原有貴族的自由為念。而盧梭的主要爭議點則在於其「普遍意志」（general will）有集體主義的可能危機，又對權力過分樂觀，曾批評權力分立制度。而近代之「立憲主義」（constitutionalism）乃是自由主義落實在政治機構的展現，以英國的光榮革命作為開端。同時，近代立憲主義的憲法，乃以保障人權為目的，以權力分立為要件，這或許是孟德斯鳩及盧梭受到批評的一個問題點。參看福田歡一，《近代民主主義とその展望》，頁43；劉慶瑞，《中華民國憲法要義》，頁9。

[3] 參照豬口孝，《國家と社會》（東京：東京大學出版會，1988），頁26。

區分爲「自然權力」(Natural Power)與「自然權利」(Natural Rights)；「自然權力」交給社會，而社會建構了國家，人與人之間發生了問題就有一個仲裁者，人不會失去保障、以至於必須常常採取自行救濟的手段。從此而言，國家的存在是有條件的，是一種目的性的工具，如果國家侵犯人們的「自然權利」，就可以推翻它。這樣的歷史發展過程有一個關鍵，人們是因爲連帶關係先直接組成社會形式、才再組成國家。所以把國家推翻時，就不會馬上回到叢林法則、互相侵犯的社會，而可以重新建立一個國家。對洛克而言，人類有建立國家的必要性，主要便奠基在司法與人權保障的相互關係上。他認爲在自然法狀態下，個人所享有的「自然權」之所以不斷有受到侵害的危險，主要有三個問題：首先，個人對「自然法」認識不足，因而欠缺「確立、安定、眾知」的法規範；其次，缺乏「眾知、公正」的法官；第三，縱使有公正的裁判，仍欠缺正當的「執行權力」。[4]

　　基於前述的認知，而《自由中國》被視爲一九五〇年代台灣自由主義代表言論，討論其主張的歷史意義，對司法獨立與人權保障的側面，自有其不可忽視的重要性。當然廣義而言，《自由中國》討論自由的文字與人權都有直接或間接的關連，而本書收錄的著重於軍情單位對人權的侵害，以及尋憲政體制欲建立保障

---

[4]　參見許志雄，《憲法之基礎理論》（台北：稻鄉出版社，1992），頁75。

人權的主張部分。

　　《自由中國》對於司法問題著墨較多，相關文章的篇數，超過對行政、立法、監察、考試的討論。其中攸關體制的部份，除了各個部門必須面對整個政府體制在強人威權體制的籠罩下，透過「以黨領政」的體系運作，所產生的共同問題之外，主要的討論的焦點分別是軍法與普通司法的管轄問題、司法獨立問題與司法體制的整體設計問題。而這些問題也正是國家司法體制在一九五〇年代的關鍵爭議點，以下分項進行討論。

一、軍法與普通司法的管轄問題

　　根據中華民國憲法第九條規定，人民除現役軍人外不受軍事審判，因此軍法與普通司法管轄的問題，如果在憲政體制的正常運作下，有關現役軍人的案件，是否完全皆屬軍法的管轄範圍，有進一步討論的空間，不過，一般人民屬普通司法管轄的範圍，則無疑義。但是，《自由中國》還沒有在台創刊，中華民國政府便已經在一九四七年七月先宣佈進入動員戡亂時期，繼而一九四九年五月二十日，台灣正式進入長期的戒嚴時期，[5] 在戒嚴法及特別刑法體制下，一般人民的犯罪事件，在實定法層次，才有軍

---

[5] 《臺灣省政府公報》1947年秋字第18期（1947年7月21日），頁275；《臺灣新生報》1949年5月21日，第1版。

法與普通司法的管轄問題。

　　《自由中國》正式處理此一問題，是在一九五一年年底，以〈軍法與普通司法劃分〉的社論，呈現其立場。當時的軍法審判制度，審判往往「未採公開審判方式」，又不能「自請律師」辯護（當時才剛有公設辯護人的辦法），判決以後又「不許上訴」，對於判決無罪的被告，又必須要求交保，對人權保障明顯不如普通司法。[6] 因此，當行政院於當年十月十七日通過八條「台灣省戒嚴時期軍法及司法機關受理案件劃分暫行辦法」而尚未公告時，《自由中國》便主張其中第二條三至六款及第三條四款罪刑仍然劃歸普通司法，[7] 若涉及內亂外患罪，再移送軍法機關審判。並批評整個辦法在劃分案件時，不是以「重大關係」作為判準，否則即是「原則」的規範，沒有「明確的界限」，可能導致「軍

---

[6] 社論，〈軍法與普通司法的劃分〉，《自由中國》5：9（民國40年11月1日），頁3-4；林紀東，《憲法逐條釋義》冊1（台北：三民書局，民國73年），頁132-3。

[7] 其中第二條、第三條條文全文如下，第二條　下列案件應由軍法機關審判；但與軍事或地方治安無重大關係者，應交由司法機關審判。一、內亂罪；二、外患罪；三、妨害秩序罪；四、公共危險罪；五、搶奪強盜及海盜罪；六、恐嚇及擄人勒贖罪。第三條　下列案件應由司法機關審判；但與軍事或地方治安有重大關係者，仍應由軍法機關審判。一、偽造貨幣有價證券及文書印信各罪；二、殺人罪；三、妨害自由罪；四、毀棄損壞罪。社論，〈軍法與普通司法的劃分〉，頁3。

法範圍仍任其照舊擴大」,而「人民的安全感減少」。[8]

　　而在行政院另行制定「台灣省戒嚴時期軍法機關自行審判及交法院審判案件劃分辦法」,經總統核定,行政院於一九五二年五月十日公佈,並訂於六月一日施行後,由於新的辦法修正的方式與前述《自由中國》的意見相近,因此《自由中國》以〈軍法與司法劃分的進步〉的短評,表達支持之意。不過由於第五款中「於地方治安有重大危害者」的規定,仍然不明確,加上並無一定劃歸軍法審判的必要,因此主張應加以刪除,同時也再度要求發生「誤行逮捕或嫌疑不足時,應立即釋放」,不必再經過保釋手續。[9]

　　一九五四年,在軍法局長包啓黃案爆發後,行政院再一次修改軍法、司法的劃分辦法,進一步將原辦法第二條的三、四、五款自軍法審判範圍內刪除,《自由中國》認爲此舉「實現」一九五一年該刊的建議,因此再度予以肯定。而除了期待草擬中的「軍事審判法」能規定前述釋放不當逮捕的嫌犯,毋須交保之外,著

---

[8] 社論,〈軍法與普通司法的劃分〉,頁3-4。

[9] 其第二條規定的原文如下,「第二條　軍法機關自行審判之案件,以下列為限:(一)軍人犯罪。(二)犯戡亂時期檢肅匪諜條例懲治叛亂條例所定之罪。(三)犯懲治盜匪條例所定之罪。(四)非軍人勾結軍人犯懲治走私條例所定之罪。(五)犯刑法公共危險妨害秩序之罪於地方治安有重大危害者。」短評,〈軍法與司法劃分的進步〉,《自由中國》6:10(民國41年5月16日),頁4。

重的則是改善「軍法審判程序」與期待軍事監獄能夠遵循當時相
關的法規。[10]

　　制度規範固然與《自由中國》的理想日趨一致，但是，現實
運作上軍事機關卻常常擴大其管轄的範圍。其中保安司令部在間
諜罪與叛亂罪範圍之外，公權力的行使往往逾越制度的規範，而
有濫權侵越「司法偵查權」的爭議。本來從一九五一年〈政府不
可誘民入罪〉開始，《自由中國》原本對保安司令部執法的範圍
及方式，即抱持批評的態度。[11] 因此，在一九五六年九月監察院
通過提案由司法委員會調查保安司令部違法情事後，《自由中國》
在社論中明白表示，雖然「保安司令部辦理匪諜案件」有「輝煌
的成績」，不過「從維護法治及保障人權的立場」，則主張糾正「該
部份若干舉動」，並希望監察院的調查案能夠通過。[12] 稍後，在
著名的「祝壽專號」中，陶百川的文章則指出「軍事機關保防人
員的活動，尚須進一步求其制度化」。不可以「戒嚴和治安」為

---

[10] 社論，〈軍司法再進一步的革新〉，《自由中國》11：9（民國43年11月1
　　日），頁4。

[11] 社論，〈政府不可誘民入罪〉，《自由中國》4：11（民國40年6月1日），
　　頁4。

[12] 社論，〈司法偵查權不容侵越〉，《自由中國》15：7（民國45年1月1日），
　　頁5。同頁收有監察院提案的案由：「為台灣省保安司令部對於無軍人身份
　　之人民及官吏，往往輕行逮捕，經長期間之扣押偵訊，然後移付法院，不惟
　　逾越軍法劃分之權限，抑且有損法院檢察處之偵查權，擬請司法委員會調
　　查，以重人權，而崇法治。」

由，「多所干涉」。並以「保安司令部遊查小組爲例」，主張「加以限制」。[13]

當然，《自由中國》站在維護憲政體制的立場，理想中對於憲法中「人民除現役軍人外，不受軍法審判」規範，自然不會反對。因此，除了在現實層面就軍法與司法的劃分，進行討論之外，於前述一九五四年蔣介石總統當選連任後的社論中，便明白主張「軍法只能適用於現役軍人」，而「總統沒有加刑權」。[14] 陶百川在「祝壽專號」的文章中，也指出在戒嚴法體制下，台灣「應該是警戒地域，一切不妨放鬆一些」，而且台灣「不比當年大陸時代」，「治安鞏固，人民守法」，可以回歸憲法規定，「用不到再『軍法從事』」。[15]

二、司法獨立、司法體制設計與司法運作

由於《自由中國》討論司法獨立的一些文章中，常常與司法體制的設計一起討論，因此接下來擬以此二者爲主題，進行考察。

《自由中國》與此主題相關文章，在時序上較晚才出現。在

---

[13] 陶百川，〈貫澈法治祝壽慰親〉，《自由中國》15：9（民國45年10月31日），頁23。

[14] 社論，〈敬以諍言慶祝蔣總統當選連任〉，《自由中國》10：7（民國43年4月1日），頁3-4。

[15] 陶百川，〈貫澈法治祝壽慰親〉，頁23。

讀者投書中《自由中國》早先呈現了行政部門「不管立法程序」，
而希望司法部門配合的現象。[16] 而在一九五五年，以立法委員對
「胡光鼏案」的判決向行政院長〔當時除最高法院外，法院歸屬
行政院〕提出質詢爲背景，胡學古的投書則表達了：「在分權制
之下，司法者之判決，立法者固不可提出質詢，縱其審判上發生
問題，行政者亦無法爲之解答」，不過在「責任政治之下，苟法
官行使審判權之時，受到干涉」，則追查干涉司法審判的責任就
成爲必要，立法委員也「可以質詢」。[17]

　　比較有系統討論司法獨立與司法體制問題的，則是在「祝壽
專號」才出現。陶百川在〈貫澈法治壽世慰親〉一文中，明白指
出：「政府機關最會干涉司法或審判的，莫過於行政機關」。而司
法權中十分重要的民事和刑事訴訟的審判，最高法院固然屬於司
法院，高等法院和地方法院則「一概屬於行政院」，如果要解決
行政干涉司法的問題，所有法院便應該都歸屬司法院。[18]

　　一九五七年，《自由中國》在〈今日的司法〉社論中，舉出
著名的「馬乘風案」、「何濟周案」等案例，批評「司法變成了政
治的工具」，而「審判缺乏獨立的精神」。同時，以「司法來配合

---

[16] 虞經華，〈行政與司法似未配合〉，《自由中國》11：11（民國43年12月1
日），頁32。

[17] 胡學古，〈談立法院對胡案判決質詢的問題〉，《自由中國》13：11（民國
44年12月16日），頁31。

[18] 陶百川，〈貫澈法治壽世慰親〉，頁22-3。

國策」，本已「違反司法獨立的原則」，「失去了民主政治的根本
精神」。社論中並批評司法行政的主管人員，「爲了做官而不惜破
壞司法獨立」。也指出這種「顯受外力干涉的情形，在選舉訴訟」
中最爲清楚，文末並且表示：「根據分權原則」司法必須脫離行
政獨立。[19] 由於這篇社論認爲當時台灣的司法，「比日據時代還
不如」，又舉證歷歷，高等法院遂發送公開聲明，批評《自由中
國》「混淆聽聞」。[20] 同年十月，台北地方法院公設辯護人張金衡
自殺，並發表批評司法的「絕筆書」。《自由中國》在此背景下，
除了重申行政不干涉司法的重要性，並主張提高法官待遇，「整
肅司法界風紀」。[21]

　　不過《自由中國》對於整個司法體制的根本問題，進行全面
性檢討的，則是雷震執筆的〈各級法院應不應該隸屬於司法
院？〉。這篇一九五九年發表在《自由中國》的文章，對於既有
體制的基本看法，與雷震兩年前發表在《制憲述要》的意見幾乎
完全一致。[22] 這篇文章大體上與前述《自由中國》相關文章對司
法體制的見解類似，不過論述則稍有修正，且更爲細緻。在整個
體制方面，雷震基本上強調司法權的完整與行政權的完整，因此

---

[19]　社論，〈今日的司法〉，《自由中國》17：1（民國46年7月1日），頁3-5。

[20]　《中央日報》民國46年7月21日；《聯合報》民國46年7月21日。

[21]　社論，〈再談今日的司法〉，《自由中國》17：9（民國46年11月1日），頁
7。

[22]　參見雷震，《制憲述要》（香港：友聯出版社，民國46年），頁61-2。

所有法院與檢察署皆隸屬於司法體制之下，但是司法行政則包括司法院的行政在內，則統歸行政院的司法行政部，並將司法行政部改名法務部。至於司法院本身則實行合乎制憲原意的一九四七年的司法院組織法，成為司法機關，下設民事庭、刑事庭、司法裁判庭及公務員懲戒委員會，回歸憲法第七十七條的體制。不過，此處雷震對於司法院的行政內涵並沒有進一步的說明，因此，範圍究竟多大，難以明確掌握。基本上，縱使司法院成為司法機關〔最高法院化〕，法院本身似應仍有其相關的行政事項。而在人事權方面，司法行政既完全歸屬行政院，為了避免行政權干預司法人事，各級法院的人事遷調，他主張各級法院設立「人事詮衡委員會」決定，再請法務部照辦即可。但是，由於司法業務繁重，欲求保障司法品質，雷震在文中則主張廢棄原有的「結案限數規定」，而從增設法院，增加推檢員額著手。至於司法風紀，則沿續《自由中國》前曾主張的提高待遇方式，希望透過此一方法解決原先風紀不良的誘因。[23] 此後，《自由中國》對於此一問題仍有討論，不過在論點上則大抵上沒有大的突破。

　　至於司法機關的違法問題，《自由中國》著墨最多的是所謂的「奉命不上訴」事件。此案係因台灣省政府新廈發生徵購地皮弊案，被告除縣長李國楨之外，其餘皆判有罪，承辦檢察官黃向

---

[23] 雷震，〈各級法院應不應該改隸屬於司法院〉，《自由中國》20：3（民國48年2月1日），頁8-14，特別是頁14。

堅依法提起上訴，台中地院首席檢察官延憲諒竟然批示「奉命不上訴」，進而引發監察院調查。[24] 此後，又牽扯出此事件係由司法行政部長谷鳳翔「指示」所致，[25] 及延憲諒違法抽調公文等情事。[26] 對此一事件《自由中國》前後四篇社論，[27] 以實例說明當時司法機關本身的違法問題，而為《自由中國》主張司法體制改革提供堅實的基礎。

而司法體制中與人權保障密切相關的，就制度而言大法官會議有其不容忽視的重要性。因為大法官會議的主要功能，除了促成憲政體制的發展以外，違憲審查權的行使，可以制衡行政、立法機關透過違憲的法令侵害人權，更是攸關人權保障的最後堡壘。問題在一九五〇年代，大法官會議基本上並無法有效扮演此一角色，反而時有為當權者背書的爭議，[28] 而《自由中國》基本上也幾乎沒有以社論的形式加以討論，因而在本書中並沒有收入

---

[24] 社論，〈如此司法——「奉命不上訴」〉，《自由中國》19：10（民國47年11月16日），頁3-4。

[25] 社論，〈從官方的報道再論「奉命不上訴」〉，《自由中國》19：11（民國47年12月1日），頁8。

[26] 社論，〈三論谷鳳翔對「奉命不上訴」事應負的法律責任〉，《自由中國》19：12（民國47年12月16日），頁7-8。

[27] 另一篇社論，〈「奉命不上訴」為何「不予起訴」〉載於《自由中國》20：2（民國48年1月16日），頁5-7。

[28] 參見洪淑華，〈台灣戒嚴時期大法官釋憲與人權發展〉（台北：政治大學歷史所碩士論文，民國92年12月），頁141-143。

相關文章，不過，爲了方便讀者對此一問題的瞭解，仍簡述如下。

　　基本上《自由中國》論及大法官在司法體系的作用，主要著眼於如何透過大法官會議的解釋，促進對人權的保障。本來根據政協憲草第八十三、八十四兩條的規定，司法院最高法院化，大法官即是最高法院的推事。[29] 在制度上與美國較爲類似，因此，傾向訴訟過程中法官可以違憲審查權來保障人權。[30] 因此，張君勱便曾指出，憲法訴訟可因「私人起訴而起」。[31] 現行憲法體制中，雖然大法官變成專門解釋憲法和統一解釋法律和命令，但是法官在審判過程中亦可針對有違憲之虞的法律提請大法官會議解釋。[32] 但是，行憲以後，大法官會議自訂的會議規則，卻規定只有政府機關可以申請解釋，[33] 使得違憲審查權不能充份發揮保障人權的功能。因此，在《自由中國》第十二卷第四期刊載的鄭

---

[29] 參見雷震，《制憲述要》，頁40。

[30] 參見宮澤俊義，《世界憲法集》（東京：岩波書店，1980年），頁44；薛化元，《民主憲政與民族主義的辯證發展－張君勱思想研究》（台北：稻禾出版社，民國82年），頁179。

[31] 張君勱，〈台灣政潮〉，《再生》總345期（1953年12月），頁9。

[32] 司法院翁岳生院長在一九七二年發表的〈憲法之維護者〉一文中即指出，法官有此一權限。參見翁岳生，《行政法與現代法治國家》（台北：台大法學院，民國71年），頁477。一九九五年釋字第371號解釋更確立此一制度，《司法院公報》37：3（民國84年3月），頁1-2。

[33] 劉慶瑞，《中華民國憲法要義》，頁213；李聲庭，〈勉新任大法官〉，《自由中國》19：8（民國47年10月16日），頁16。

知三〈讓人民可以「告法」〉一文，便提出修正既有制度的主張：
人民對於「顯然違法之命令」，可以「聲請」制定該命令機關的
上級機關予以「撤銷」，不成則再向大法官會議聲請解釋；至於
人民發現法律有違憲之嫌，或是「法規規章命令有違法」之嫌時，
亦可聲請解釋。不過，鄭知三的意見乃是著重有若干人民簽署以
後便可以聲請解釋，與大法官會議本來設計的意旨並不相符。[34]
其後，簡暢在〈我所知道的司法〉中，則表示大法官會議的解釋
權並不主動行使，而既有體制使聲請解釋的機會「減少至極點」，
大法官「解釋權的功效」，難以發揮。他除了批評原有的限制不
合理外，同時也主張應賦予普通法院的法官面對有違憲之虞的法
律時，有聲請解釋之權。[35] 一九五八年大法官會議法制定通過，
至少確認了人民透過法定訴訟程序，即有聲請的權利與可能。對
此一發展，《自由中國》刊載李聲庭文章的內容，即持肯定的態
度。[36] 不過，當大法官會議通過「八十五號解釋」，對國大代表
總額的重新定義，使蔣介石總統三連任，具備形式合法性以後，
《自由中國》則以社論加以批判。[37] 當然這是《自由中國》對歷

---

[34] 鄭知三，〈讓人民可以「告法」〉，《自由中國》12：4（民國44年2月16
日），頁13、15。

[35] 簡暢，〈我所知道的司法〉，《自由中國》18：12（民國47年6月16日），
頁14。

[36] 李聲庭，〈勉新任大法官〉，頁16。

[37] 社論，〈豈容「御用」大法官濫用解釋權？〉，《自由中國》22：5（民國

史時空條件下大法官會議為政治服務的不滿，與前述大法官會議功能的發展，並沒有密切的關係。

三、人權的侵害與保障

如前所述，近代自由主義對國家建構的看法，與保障人權的基本立場密切相關。《自由中國》對於此一問題也著墨甚多，其中無論是非常體制的法源、侵害人權的機構，或是國家機關違法侵害人權的行為，都是其批評、檢討的重點。此外在人權保障制度的建立方面，針對政府如何依照憲法保障人權，乃至對司法體系不當判決導致人民權益傷害的救濟，亦是《自由中國》訴求的重點。

《自由中國》創刊之初，基於當時遷台的中華民國政府處於中共政權強大的威脅之下，不僅與創刊緣起有密切的「擁蔣反共」路線掛勾，對於現實上台灣人權遭到國家侵害的問題，也大抵站在「相忍為國」的立場。[38] 但是，隨著韓戰爆發，美國第七艦隊進入台灣海峽執行「中立化」政策，外在險峻的情勢已然丕變。

49年3月1日），頁4-6。關於此一事件的始末，請參看《自由中國與民主憲政——1950年代臺灣思想史的一個考察》（台北：稻鄉出版社，1996）第六章第一節的討論。

[38] 薛化元，《《自由中國》與民主憲政》，頁56-61。

[39] 一九五一年五月美軍在朝鮮半島的情勢更趨穩定之後，美國政府確定不在台海問題上對中共政權讓步。[40]《自由中國》對國民黨當局侵害人權的作爲，亦採取較積極的批評態度，同年六月一日夏道平執筆的社論〈政府不可誘民入罪〉，是《自由中國》人權意識抬頭的重要里程碑。[41] 在這篇社論中直接批評彭孟緝主導的保安司令部，在金融管制上「誘人入罪」的不當作法。[42] 使情治單位初次試圖對雷震及《自由中國》採取壓制的手段。

　　此後，《自由中國》陸續對司法不當侵犯人權的「馬乘風案」、「何濟周案」等提出批評(詳見上節)，而在一九五七年十一月六日《公論報》總主筆倪師壇、《台灣新生報》編輯路世坤，因爲「匪諜嫌疑」遭到情治單位逮捕後，《自由中國》以社論〈倪路案亟待釐清〉針對情治單位以「匪諜嫌疑」逮捕二人，卻無任何罪證

---

[39] 李永熾(監修)，薛化元(主編)，《臺灣歷史年表：終戰篇 I》(臺北：國策中心，1990)，頁114；伊原吉之助，《臺灣 政治改革年表‧覺書(1943-1987)》(奈良：帝塚山大學，1992年)，頁94；《中央日報》民國49年6月28日，1版。

[40] 參見張淑雅，〈美國對臺政策轉變的考察〉，《中央研究院近代史研究所集刊》第19期（1990年6月），頁470-471、484-485。

[41] 薛化元，〈從「反共擁蔣」掛帥到人權意識的抬頭──《自由中國》與執政當局互動關係的一個歷史考察〉，《法政學報》第5期（1996年1月），頁57-60。

[42] 社論，〈政府不可誘民入罪〉，《自由中國》4：11（民國40年6月1日），頁4、31。

說明，加以過長時間的偵訊，批評此舉不具說服力。[43] 次年三月，立法委員張九如針對國民黨當局於各機關遍設安全室提出質詢，《自由中國》則在五月以社論〈安全室是幹什麼的〉，強力批評國民黨當局以防止匪諜分子的潛伏為由，設立監督人民、干涉人民自由的「安全室」，並質疑此舉使人民「免於恐懼的自由」遭到威脅，而情治單位擴權侵害人權，甚至已經出現凌駕司法的問題。[44]

　　而人身自由縱使是憲法明文規定保障的基本人權，現實上都無法落實的狀況，《自由中國》在一九五八年十二月發表了王建邦的〈請政府切實保障人權〉，要求官方針對「涉及人民基本權利的行為」，必須「百分之百的做到『依法』二字」。[45] 月中，《自由中國》更以情治單位濫用「取締流氓辦法」，未依法定程序即將《自治研究》半月刊編輯孫秋源逮捕管訓作為社論的引言，批評保安司令部以「取締流氓辦法」為依據侵害人身自由，不僅違憲，甚至「侵犯警察職權，違背了違警罰法，違背了戒嚴法」。[46]

---

[43] 社論，〈倪路案亟待澄清〉，《自由中國》17：11（民國46年12月1日），頁9。

[44] 社論，〈安全室是幹什麼的？〉，《自由中國》18：9（民國47年5月1日），頁8。

[45] 王建邦，〈請政府切實保障人權〉，《自由中國》19：11（民國47年12月1日），頁348-350。

[46] 社論，〈從憲法保障人民身之自由說到取締流氓辦法〉，《自由中國》19：12（民國47年12月16日），頁6。

　　次年一月，《自由中國》針對警備總部訂定「請願須知」，「法外」限制「人民的請願權」之舉，發表〈撤銷警備總司令部！〉一文，文中並對警備總部侵犯人權的種種作為展開批評。文末更質疑警備總部的法律地位，要求行政院撤銷此一沒有法律依據的機構。[47] 次月，在政府決定廢止「治安機關羈押疑犯申請延長羈押規定」，而擬派檢察官至警察局「就近辦理訴訟案件」，《自由中國》則批評此舉「以『法』違法」，「企圖保障治安機關」不必在「二十四小時內」將人犯「移送該管法院」。[48]

　　一七五九年三月，在行政院王雲五副院長表示政府考慮廢止以「總動員法」為依據，而已經不適用的法規後，《自由中國》更發表〈廢止總動員法〉，要求「止本清源」，「廢止國家總動員法」。[49] 同年十一月，台灣省政府辦理戶口總校時，忽然沒有法律依據地同時舉辦「大陸來台國民調查」。在當時此舉被認為且有「安全調查」的性質，《自由中國》則以社論要求「請速停辦」。[50]

　　至於在積極要求建立保障人權制度的部份，針對司法不當判

---

[47] 短評，〈撤銷警備總司令部！〉，《自由中國》20：1（民國48年1月1日），頁42。

[48] 短評，〈以「法」違法〉，《自由中國》20：3（民國48年2月1日），頁31。

[49] 短評，〈廢止總動員法〉，《自由中國》20：6（民國48年3月16日），頁31。

[50] 社論，〈請速停辦「大陸來台國民調查」！〉，《自由中國》21：11（民國48年12月5日），頁5。

決造成人民失去人身自由的賠償部份，是《自由中國》關心的重
點之一。針對此一主題，《自由中國》在一九五九年三月及五月，
先後發表〈冤獄賠償制度的建立不容再緩了！〉及〈多災多難的
「冤獄賠償法草案」〉兩篇社論，反對「象徵性」的「冤獄賠償」，
同時力主在「冤獄賠償法」之後，為了「制裁公務員」以類似刑
求的行為侵害人權，應該儘快「制定公務員刑事責任法」。[51]

　　近年來，國內在司法制度及人權保障方面的改革已有相當成
效，與《自由中國》所處時代自然不可同日而語。但是，在台灣
已名列自由國家的今日，如何持持續相關改革，加速將國際人權
規約透過立法程序「國內法化」，使台灣人權能與普世人權進一
步接軌，仍是重要課題。而回顧《自由中國》的時代，進行歷史
檢討，避免人權任意受到侵害的事件重演，也未嘗不是享受改革
成果者的重要責任。

---

[51] 社論，〈冤獄賠償制度的建立不容再緩了！〉，《自由中國》20：5（民國
48年3月1日），頁3-5；社論，〈多災多難的「冤獄賠償法草案」—未被冤
埋，又有被肢解的危險〉，《自由中國》20：10（民國48年5月16日），頁
5-6。

XXVI 《自由中國》選編

編輯凡例

一、 本書收錄之文獻，原文的外文詞彙、人名、地名或專有名詞，不另中譯。

二、 本書收錄之文獻，均於文末註明取材來源與初刊時間。原文有原作者自行題記撰述時間、地點者，悉據原文格式。

三、 本書收錄之文獻，原爲該刊社論，如得悉原著者，於註釋中標示原著者姓名。

四、 本書收錄之文獻，原文註解，均採隨頁註格式。未說明者，均爲「原註」。編者所加註解，註明爲「編註」。

五、 本書收錄之文獻，原文的錯別字、漏字及年月日的補註，以【】號標明；衍文以〔〕號標明，均加在正文內。

六、 本書採取橫排格式。因原文爲直排，故於行文中可能出現的「左列」、「右列」等字樣，悉據原文格式。

七、 纂輯本書的目標之一，在於爲學界提供研究之便利。然則，文獻浩瀚，選錄、分類、排序，容或見仁見智。文獻查覈，清校編印，瑣繁匪易，亦難免錯訛誤失。敬祈學界　方家多予指正。

XXVIII 《自由中國》選編

目　次

一、軍法與司法

軍法與普通司法的劃分

社 論[*]

　　十月十七日行政院第二○八次會議，通過「台灣省戒嚴時期軍法及司法機關受理案件劃分暫行辦法」。全文共八條。其中第一至第四條原文如下：

　　第一條：軍法機關依戒嚴法第八條受理案件，應以與軍事或地方治安有重大關係者為限。

　　第二條：左列案件應由軍法機關審判；但與軍事或地方治安無重大關係者，應交由司法機關審判。

　　一、內亂罪；

　　二、外患罪；

　　三、妨害秩序罪；

　　四、公共危險罪；

　　五、搶奪強盜及海盜罪；

　　六、恐嚇及擄人勒贖罪。

　　第三條：左列案件應由司法機關審判；但與軍事或地方治安有重大關係者，仍應由軍法機關審判。

---

[*] 編註：本文由雷震主筆。

一、偽造貨幣有價證券及文書印信各罪；

二、殺人罪；

三、妨害自由罪；

四、毀棄損壞罪。

第四條：關於觸犯特別刑法之案件，應由軍法機關受理者，以與軍事或地方治安有重大關係者為限。其餘由司法機關受理。

　　上述第二條所列舉的六個罪行及第三條所列舉的四個罪行，即是戒嚴法第八條第一項所列舉的十個罪行。第四條也即是戒嚴法第八條第二項的改寫。戒嚴法第八條與上列四條不同之處，就是依前者的規定，上列各罪「軍事機關『得』自行審判或交法院審判之」，而後者則以「與軍事或地方治安」有無「重大關係」作為軍法與普通司法劃分的標準，兩者間不同之點，如是而已耳。

　　「重大關係」四字，為上述劃分辦法第一條至第四條所共有的要點，同時也是唯一的要點。該辦法第五條及第六條對於這一要點，名之為「劃分原則」！這個「原則」，只是屬於程度性的，看不出一點明確的界限來。怎樣才算有「重大關係」，怎樣才算無「重大」關係，全憑一個主觀判定。主觀判定，甲和乙可能相差很遠。所以「重大關係」四字，和戒嚴法第八條所用的那個「得」字，只是字面上的差異，我們實在看不出有何實質上的區別來。

自然，我們也可以想到，這個劃分辦法到了公佈【布】施行之日，軍事機關很可能移送若干案件交由法院審判，表示有了這個辦法就和沒有這個辦法的時候，情形不同了。可是，我們應該知道，這不是該辦法本身有何拘束力在發生效果，而是爲了有這個辦法的公佈【布】，所以不得不爾。

如上所云，那末行政院爲甚麼要制定這樣一個有若無的劃分辦法呢？我們想，也有其理由。

我們的政府，是個行憲的政府，現行憲法是頗有民主精神的。政府遷都台灣以來，一切政治文告和政府首長公開的言論，都是以民主憲政爲號召；同時在實際政治方面，台灣省不僅有各級的民選的參議會，最近也普遍地辦過民選縣市長的舉。從這方面看，所謂民主憲政的宏規或氣派，可說是具備了。但另一方面，台灣是今日中華民國唯一的一個反共抗俄的基地，在這個基地上，爲加強反共抗俄的力量，肅清匪諜自然也是最重要的工作之一，因此政府先後公佈【布】了若干特種刑法——三十九年四月公佈【布】的「懲治叛亂條例」，六月公佈【布】的「戡亂時期檢肅匪諜條例」，九月公佈【布】的「檢肅匪諜連保連坐辦法」。這些特種刑法不能說不是必要的。但三十七年五月公佈【布】的戒嚴法，在戒嚴區的今日台灣仍然是有效的，並未因後來在台灣所制定的上述那些特種刑法的公佈【布】而有所變更。因此，軍法的範圍就「得」以任意擴大而不違法！搶奪罪可歸於軍法，恐

嚇罪可歸於軍法，妨害自由罪可歸於軍法，毀棄損壞罪也可歸之於軍法。在這一個「得」字的規定下，軍法審判的範圍伸縮性是太大了！這樣一來，就與政府在另一方面推行民主憲政的精神配合不上。這次軍法與普通司法劃分辦法的制定，我們想，政府的動機，當是想改善這種情形，而對於戒嚴法第二條加以補充的規定。

　　為着確保台灣的治安，並加強反共抗俄力量，對於怙惡不悛的匪諜處以嚴刑竣法，確為無可奈何的必需。我們不應「煦煦以為仁，孑孑以為義」，對志願的匪諜有何寬假。在上述幾種特種刑法的規定下，匪諜案的處理已屬於軍法範圍（見檢肅條例第八條）；懲治叛亂，即是懲治刑法第一○○條、第一○一條、第一○三條、第一○四條所舉的內亂外患罪，犯這些罪行的，在戒嚴區內，不論其身分，概由軍法審判，也已明定於該條例第十條的後半段。這些都是必要的，同時也够充份【分】了。至於與匪諜無關的一般刑事案件，而其人犯又不是現役軍人，那就應該確切地嚴格地劃出軍法範圍以外，由普通法院受理。政府既鑒於戒嚴法第八條的規定，在今日的台灣有其修正之必要，那就應該按罪行的性質及犯人身份【分】乾乾脆脆修正一番，把上列劃分辦法第二條三至六款的罪行及第三條的四個罪行，仍然劃歸普通司法，依照刑法處理。至於其中的妨害秩序罪，公共危險罪，如涉及匪諜陰謀而又出之於集體暴動形式者，依據刑法第一○一條之

規定，本屬於內亂罪範圍，在戒嚴法下，軍法機關自可處理；其他各罪如由普通司法機關偵察結果，證明其屬於匪諜陰謀，涉及內亂外患罪，則由普通司法機關移送軍法機關審判。這樣，既可適應確保治安，加強反共力量的要求，同時也可配合上政府所號召所推行的民主憲政的設施。這是我們今天所鄭重提出的一個建議，願政府在公佈【布】這個劃分辦法以前，對於這個辦法再來一次覆議。

我們所以這樣主張縮小軍法範圍，決不是純從理論方面唱高調，而是有事實的根據，有病的呻吟：

我們知道，由於目前軍法範圍的擴大，軍法案件，一天一天積壓起來，越來越多，軍法官人數有限，他們雖每天忙得不可開交，也不能把那麼多的案件及時審慎地審判。在百忙當中，一個不太簡單的案件有時也只能經一度審問即行判決，自難免有草率之嫌。同時我們也聽說，軍法官還有一個苦處，就是他們審判權的獨立，也不及普通法院之被尊重。這些都是目前軍法的實際問題，我們不能忽視。本來，軍法審判的範圍擴充到非軍人的犯罪案件，是個非常時期不得已的措施，軍法所適用的實體法和普通法院所適用的，大多是同一的，只是程序法不同而已，其目的是求其處理迅速。現在，因為軍法範圍過於擴大，積壓的案件一天多似一天，求迅速的目的不僅未達到，反而更加遲緩了。一個辦法，其後果與其目的恰恰相反，難道不應該切切實實改弦更張

嗎？

　　其次，再就受軍法處理的人犯來看，經軍法判決的，不許上訴；受審時不得自請律師為之辯護（公設辯證人的辦法是最近才開始的）；犯人的親屬不易接見，甚至其親屬無法知道其所犯何罪，也無法探知其拘禁在甚麼場所。這都是軍法與普通司法不同的地方。就人權保障的觀點看，軍法是遠不及普通司法的。

　　此外還有一點，我們必須特別指出的，即：軍法機關逮捕人民，嗣經訊明其無罪，但不逕予釋放，必須交保。這種事例，普通司法機關是不是有時也如此，我們尚不詳知，但軍法機關則每每如此。我們試想想，一個人無辜被逮捕，被拘禁，物質上的損失且不管，精神上的損失該有多大！所以在一個高度的法治國家，都有一個冤獄賠償法的制度，冤獄賠償的作用，不僅是對被誤捕的人犯賠償其精神和物質的損失，同時也是表示政府對於誤捕負責任。我國雖然沒有冤獄法，對政府課以誤捕賠償的責任，但民國三十三年國民政府曾頒佈【布】過「保障人民身體自由辦法」，該辦法第二條前半段規定如下：

　　「各機關依法逮捕人民，經訊明後如認為誤行逮捕或嫌疑不足時，應立即釋放，不再經取保手續」，該辦法係於三十三年八月一日施行，迄今並未依法廢止，應該是有效的。然而事實上是如上所述，捉錯了人，可不負賠償的責任，這是由於我們沒有冤獄法的制度，且不管它；釋放時也不負責，而必須責對方交保，

這顯然是違法——違反「保障人民身體自由辦法」的。這種違法事例，不知增加人民多少痛苦，但現已司空見慣，而司法行政當局亦置若罔聞！

就人權保障來說，軍法遠不及普通司法。因此，一般人談到軍法，總不免有點談虎色變之感。如果軍法範圍仍任其照舊擴大，而不明確地加以限制，其後果就是人民的安全感減少，而恐心增加。從人民安全感和恐心的消長之機，可以看出一個國家治亂興亡之運。所以現代化的民主憲政國家，要保障人民有「不虞恐之自由」！

最後，我們還想就司法獨立，司法尊嚴這方面講幾句話：我們現行憲法，是依據中山先生的遺教，體現了五權分立的精神。司法是五權之一，其獨立，其尊嚴，固有憲法為之保障，同時也須要司法行政當局本其職責來維護。這次軍法與普通司法劃分辦法，就是一個司法權的問題。今日台灣，誠然是處在非常時期，我們不能主張取消一切現行的特種刑法，我們也不能主張所有內亂外患罪不問其情節如何一概由法院依刑法來處理，換言之，我們不能主張把軍法範圍和平時一樣僅限於現役軍人的案件。可是我們在上面所提出的具體的建議——把戒嚴法第八條的十個罪行，按其性質及人犯身份【分】，明確地劃分軍法與普通司法的範圍，應該可供司法行政當局參考。同時上面所引的「保障人民身體自由辦法」，我們更希望司法行政當局本其職責來維護其法

律效力。國家設官分職，不是爲的設官而設立，而是爲的分職而設官。一個民主憲政國家，其政府組織是建立在制衡原則之上的。制衡原則，由分職而發生作用，如因分職而設的官，不能盡其職責，則制衡作用不會發生，而所謂民主憲政者也就要大打折扣或甚至徒託空言。我們深知，今日政府各部門的首長，多有遠大政治識見者，我們希望他們的識見能有效地體實於實際政治，而不深藏內心，緘口不言，或者僅僅寫在私人日記本上。因此，我們在結束本文時，不由得不越出論題以外，提供一句格言，願若干有遠大識見的政府中人，把它作爲座右銘。這句話，就是：

> 歷史家對我的批評，不是問我知道的是些什麼，或想的是些什麼，而是看我所作的是些什麼。
>
> ——《自由中國》，第5卷第9期，1951年11月1日。

軍法與司法劃分的進步

短　評

　　去年十月間政府公佈【布】過一個「台灣省戒嚴時期軍法及司法機關受理案件劃分暫行辦法」。那個辦法公佈【布】後，我們詳加研究，發現其劃分標準，有若無，實若虛，一點明確的界限也沒有。當時我們曾於本刊五卷九期（十一月一日出版）發表一篇社評，對該辦法加以分析、批評，並提出我們的建議。關心這個問題的讀者，可以再找出那篇社論來看看。

　　本刊發表那篇社論後，社會上每個角落裏不公開的輿論，無不表示贊許，可是一般報紙和雜誌，對此至關民命的重大案件，似乎沒有公開發表過評論。我們曾因此而感到惶惑，爲甚麼在自由中國地區，健全的輿論，只能見之於私人談話，而不多見於公開的文字呢？！

　　事情過了半年，本月十一日報紙上發表了一個可喜的消息，就是行政院現已另行製定「台灣省戒嚴時期軍法機關自行審判及交法院審判案件劃分辦法」一種，呈奉總統核定，並由院公佈【布】於四十一年六月一日施行。去年公佈【布】的辦法，將於同日廢止。新辦法共有四條，劃分的標準分列於第二條各款。第二條原文如下：

「第二條　軍法機關自行審判之案件，以左列為限：（一）軍人犯罪。（二）犯戡亂時期檢肅匪諜條例懲治叛亂條例所定之罪。（三）犯懲治盜匪條例所定之罪。（四）非軍人勾結軍人犯懲治走私條例所定之罪。（五）犯刑法公共危險妨害秩序之罪於地方治安有重大危害者。

關於前項第五款之內容，司法行政部得呈准行政院對各主管機關予以必要之詳細指示」。

這次新訂的辦法與去年公佈【布】的比較，確實是一個大大的改進，值得我們表示讚揚。就中稍感美中不足的，尚有第二條第五款之規定。因為既有了第二款及第三款，凡是犯刑法公共危險及妨害公共秩序等罪而係出自匪諜叛亂陰謀者，均已劃入軍法審判範圍，則第五款就可不要。至於「於地方治安有重大危害者」這一限制，實質上仍是一個不明確的規定。好在關於這一款尚有該條第二項的補充，即司法行政部對於這一款的內容，有權呈准行政院對各主管機關予以必要之詳細指示。於此，我們不得不特別矚望於司法行政部在這個工作上要拿出責任心來，維護司法獨立，樹立法治精神。

總而言之，政府這次在法制上的改革，算是有知過善改的勇氣和美德的。因此，我們更要藉此機會提出本刊曾經再三再四地提出過的另一個屬於法律範圍的建議，要求政府虛心考慮，毅然採納。這個建議，即切實遵守民國三十三年頒佈【布】的「保障

人民身體自由辦法」第二條前半段之規定：「各機關依法逮捕人民，經訊明後如認為誤行逮捕或嫌疑不足時，應立即釋放，不再經取保手續」。（萍）

　　——《自由中國》，第6卷第10期，1952年5月16日。

軍司法再進一步的革新

社 論[*]

　　在軍法局長包啓黃案揭發之後，政府把軍司法審判範圍重新劃分，劃分後軍法範圍已縮小到我們多年來所呼籲的程度；並且、三十七年依憲法第八條制定公佈【布】的提審法，政府也同時重申命令，令各級機關切實遵照，不得非法逮捕拘禁，以重人權（見十月十五日台北各報）。這件事是俞內閣成立以來第一件值得特別頌揚的事件。尤其在包案揭發以後很快地來這一改革，可見政府之肯救弊補過；而不是任何事都一意孤行，不是任何事都不顧輿論的。五月前國人所殷切期待的「新政府、新作風」，我們希望從這件事開始。

　　軍司法審判範圍的劃分，這是第三次。第一次是在四十年十月十七日，行政院公佈【布】了一件「台灣省戒嚴時期軍法及司法機關受理案件劃分暫行辦法」。那個辦法公佈【布】後，本刊曾於第五卷九期（四十年十一月一日出版）的社論中詳加分析，指出它對於實際情形不會有何改善。因爲它所規定的，只是某些罪行應由軍法機關審判，但與軍事或地方治安無重大關係者，應

---

[*] 編註：本文由夏道平主筆。

交由司法機關審判；某些罪行由司法機關審判，但與軍事或地方治安有重大關係者，仍應由軍法機關審判。這種規定——所謂有無「重大關係」，實際上沒有定出一個明確的界限來。所以我們當時對於那個辦法，一點也不敢恭維。到了四十一年五月十日，行政院宣布廢止，另行公佈【布】一件「台灣省戒嚴時期軍法機關自行審判及交法院審判案件劃分辦法」。這一辦法比前一辦法為好。軍法審判範圍雖未縮小到應小的程度，總算已經「明確地」縮小了一些。但還有一個缺點，就是該法第二條第五欵那個拖泥帶水的尾巴。這幾點本刊於第六卷十期的短評中曾經一一指出。

現在、這一次的劃分，是修正四十一年五月的那個劃分辦法。即將該法第二條所列的五欵，刪成兩欵。只把（一）軍人犯罪及（二）犯戡亂時期檢肅匪諜條例、懲治叛亂條例所定之罪，列入軍法審判範圍。其餘三欵——（三）犯懲治盜匪條例所定之罪，（四）非軍人勾結軍人犯懲治走私條例所定之罪，以及（五）犯刑法公共危險妨害秩序之罪於地方治安有重大危害者，則全部刪掉。這件修正後的劃分辦法，與我們四十年十一月所建議的（見本刊第五卷九期社論）已完全一致。當時我們曾說過，為着確保台灣的治安，將戡亂時期檢肅匪諜條例及懲治叛亂條例所列的罪行列入軍法範圍以內，確為無可奈何之必要。至於與匪諜無關的一般刑事案件，而其人犯又不是現役軍人，那就應該確切地嚴格地劃出軍法範圍以外，由普通法院受理。我們這一建議，到了三

年後的今天總算實現了！現在我們希望這個現行的劃分辦法，能够有效地約束軍法機關和一般所謂治安機關；同時我們更希望保障人民身體自由的提審法，經政府這次重申命令，各級機關真能切實遵照。

苟日新，日日新，又日新。我們在論述政府這一措施的時候，要再提出下列幾個希望：

一、軍法審判範圍，已經合理地縮小了，軍法審判程序尚有大大改善之必要。關於這一層，據說有關機關已研訂幾項主要原則，草擬「軍事審判法」草案（見十月十五日《中央日報》載阮華國先生〈崇法治、重人權〉一文）。我們希望草擬中的「軍事審判法」，除包括阮文所報道【導】的幾點以外，應該規定「嫌疑犯經訊明認為誤行逮捕或嫌疑不足時，應立即釋放，不再經取保手續」。這是民國三十三年國民政府頒佈【布】的「保障人民身體自由辦法」第二條所規定的。本刊為這一點，曾再三呼籲要切實施行。因為我們常常聽說，軍事監獄中實有訊明無罪、但因無法覓保以致永不釋放的人「犯」。這類人「犯」、如果還說是「犯」的話，只好杜撰一個名詞，叫做「無保犯」。我們希望將來「軍事審判法」公佈【布】實行以後，軍事監獄中，再也沒有一個「無保犯」！

二、軍法範圍縮小以後，普通法院受理的案件，自然增多。因而法院的良窳，影響人民的權利義務乃至生命安危者將更大。

關於法院方面應有的改善，幾月前立法委員對俞院長的質詢中，曾提出許多材料。這些材料我們希望司法行政部門認真調查、徹底究辦；把司法界的尊嚴，從自身的檢肅中樹立起來。此外我們還要特別寄望於法院的檢察官。法律的權威，最要緊的要靠檢察官來維護。檢察官是代表國家檢舉罪犯的。「富貴不能淫，威武不能屈，」為檢察官應有的精神。整個司法制度，是要做到無縱無枉。無枉、為公設辯護人所要達到的任務；無縱，是檢察官應盡的職責。如果某個地方有一逍遙法外的罪犯，就是這個地方的檢察官失職；如果這一逍遙法外的罪犯是惡霸，是暴吏，而檢察官不敢攖其鋒，則不僅失職，而且是人格上的奇恥大辱！

　　三、關於監獄方面，現行法規中本有「監獄條例」、「看守所條例」、「監獄行刑法」、「羈押法」等合情合理的法規。但在軍事監獄中，對於這些法規，從未嚴格實行。尤其關於衛生方面的規定，更是等於具文。最近本刊接到兩封報道【導】軍監情形的信件，一件是剛剛出獄的人寫來的，另一件是出自獄中人的手筆，封信的背面寫有「拾此信的先生女仕們，請投入附近郵筒中，增福增壽，功德無里」等字。信裏說：「這封信我們要利用提審時，由囚車窗口把信丟出，是否能寄到，很成問題」。總算不錯，本刊已收到了這封信。這兩封信，我們已另抄副本，送請國防部俞部長核辦，本文不再詳引其內容。我們在這裏只簡單而大聲地呼籲一句：犯人還是人！希望有關機關，本人道立場，把軍事監獄

人大改良一番。

　　——《自由中國》，第11卷第9期，1954年11月1日。

司法偵查權不容侵越

社　論

在監察院九月的月會中通過了一個有關保障人權的提案。案由照錄如下：

「為台灣省保安司令部對於無軍人身份【分】之人民及官吏，往往輕行逮捕，經長期間之扣押偵訊，然後移付法院，不惟逾越軍法劃分之權限，抑且有損法院檢處之偵查權，擬請司法委員會調查，以重人權，而崇法治。」

關於此類問題，我們過去曾數度為文論及；我們認定司法與軍法如不能嚴格劃分，則法治無由澈底樹立，人權難期確實保障。但政府雖曾一再表示厲行法治之決心，而此種不正常的情形卻依然存在。現在監察院方面既已有此與我們相同的看法，認為應予調查，相信必能於調查之後，提出具體的糾正辦法。

保安司令部，為一軍事性質的維持治安的機關，凡不屬於足以構成擾亂治安的罪嫌，該部應無權過問。尤其在四十三年俞院長上台以後，將四十一年五月陳院長所制頒的軍司法劃分辦法作了更進一步的劃分之後，更明確的縮小了軍法的管轄範圍，只有（一）軍人犯罪及（二）犯戡亂時期檢肅匪諜條例懲治叛亂條例所定之罪是屬於軍法，其餘如（一）犯懲治盜匪條例所定之罪，

（二）非軍人勾結軍人犯懲治走私條例所定之罪，以及（三）犯刑法公共危險防害秩序之罪於地方治安有重大危害者，均劃歸司法範圍。依此規定，可見保安司令部所能偵查、拘捕與審訊的只限於間諜罪與叛亂罪兩種，即與治安有重大關係觸犯刑法公共危險防害秩序之罪，亦已不在保安司令部職權範圍之內，則其他與間諜罪或叛亂罪無關者，保安司令部當然更無權過問。這是政府的煌煌法令所規定，如果不嚴格遵守，便是越權，便是違法。政府為維持威信，對於任何機關有越權違法之情事，自均應予以糾正或制裁，決不能明知不問。然而事實告訴我們，自四十三年俞院長明白規定軍法司法劃分的辦法之後，保安司令部所辦理的案件，經報紙公開報導的，如商人漏稅、走私、官吏貪污舞弊，以及官商勾結等等，均顯然不特與匪諜、叛亂無關，而且與地方治安也毫不發生連帶關係，可是保安司令部仍然照常偵查、拘捕、審訊，必須等到人犯俱全，審訊完畢，然後才移送法院。遠的且不用說，即以最近台灣省政府農林廳林產管理局局長皮作瓊涉嫌貪污舞弊一案而論，即是一新鮮而顯明的例證。上述監察院調查案之成立，是否即係有感於皮案而發，我們雖未便懸揣，但是這一個案件至少對於保安司令部之侵犯司法偵查權是一個最好的說明。

　　皮作瓊身為省政府的高級官員，如其涉嫌貪污舞弊，不僅任何機關可以檢舉，即普通人民亦可檢舉，但除主管長官及司法機

關之外，則其權力只限於負責檢舉，而決不能直接處理本案。保安司令部在得悉皮作瓊涉嫌貪污舞弊的情事之後，只能將此項情報通知省政府、農林廳或監察院，依法處理。如果保安司令部認為本案情節重大，恐防洩漏機密，以致被犯罪者淹沒罪證，也可以立即通知司法機關，由司法機關發動先行拘捕，再行查辦或偵訊。可是對於皮案，保安司令部根本沒有按照上述的手續去做，竟爾直接將皮作瓊以及其他涉嫌人員予以拘捕。這一干人犯在保安司令部扣押達數十日之久，然後才將其移送法院。對於皮案本身，既經司法機關受理，我們暫不表示意見。但是我們對於保安司令部顯然越權違法的情形，則不能不深感遺憾。我們記得俞院長上台之始，即揭櫫「崇法務實」為施政之本，今以台灣一省之保安司令部竟能不遵中央軍法司法劃分之規定，侵犯司法獨立之權，而未聞及時予以糾正制裁，真不禁使我們要問一問：這究竟是所「崇」何「法」？所「務」何「實」？

　　或者有人認為憲兵和警察原具有司法警察的身份【分】，因而對於觸犯普通刑法之罪犯可以逮捕，因此保安司令部自可派憲兵去拘捕那些觸犯普通刑法之罪犯。或者又有人認為省政府主席是兼保安司令的，則其以此項資格下令拘捕省府犯罪屬員，似屬無可非議。同時嚴家淦主席在皮案發生之後又曾向人表示，該案之所以由保安司令部辦理，乃是因為案中牽涉有軍人身份【分】的人員。凡此種種說法，只要是一個稍有法律常識的人，都可以

明白其為似是而非，甚至可說是故意曲解。我們知道，所謂憲兵和警察之具有司法警察身份者，乃是便於接受司法官之指揮，協助辦案，而非憲兵和警察本身即具有處理司法案件的權力。同時，即令是警察機關拘捕現行犯，亦只以二十四小時為限，超過此一時限，如未獲司法機關之許可者，即為違法。現在保安司令部對於觸犯普通刑法之罪犯，竟可因調查偵訊，將嫌疑人犯拘押數日或數十日之久，這是顯然侵犯了司法機關的權限。至於省主席與保安司令雖同為一人，然其機構與權責各別。皮作瓊既非擁有武力足以拒捕，省主席一紙文書，即可移送法院，自無庸借重保安司令部的名義或動用保安司令的力量之必要。如再以嚴主席所持之理由來說，因該案牽涉有軍人身份【分】者，即須由保安司令部辦理，這更是不通之論。該案主犯既非軍人，案中縱或有軍人身份【分】者被牽涉，亦只能於案情確立後將其牽涉軍人之部份【分】移送軍法審判，決無全案交由保安司令部辦理之理。果如嚴氏所云，則行政院過去之將「非軍人勾結軍人犯懲治走私條例之罪」劃歸司法範圍，豈不是不應該的嗎？而且自皮案發展到今天，根據各報的記載，我們還沒有發現那一個罪犯是具有軍人身份【分】的，因而對於嚴主席的那一個辯解，更使我們為其不能自圓其說而擔憂。

　　保安司令部辦理匪諜案件是有其輝煌的成績的，但從維護法治及保障人權的立場來看該部的若干舉動，必得嚴加糾正。我們

希望監察院這個調查案能够成立，更進而考驗我們政府「崇法務實」的真實性。

　　──《自由中國》，第15卷第7期，1956年10月1日。

二、司法的運作與制度改革

貫徹法治壽世慰親

陶百川

　　寫這篇文稿的時候，我面前正放着十月十七日的一份報紙，上載蔣總統給總統府的諭示，徵請海內外同胞，就他提示的六項要旨，「直率抒陳所見，俾政府洞察輿情，集納眾議，虛心研討，分別緩急，採擇實施」。

　　從這個諭示，我聯想到總統五十華誕的盛況和他那時所發表的一篇感言〈報國與思親〉。總統在那篇感言中紀述他母子二人早年的遭遇和奮鬥。他說：「中正九歲喪父，一門孤寡，煢子無依」。那時清室政治腐敗，法紀廢弛，「吏胥勢豪，貪緣為虐」。總統家中「門祚既單」，而又稍有資財，於是成為他們覬覦的目標。「欺凌脅迫，靡日而甯」。曾因橫征田賦，強令供役，「產業被奪，先疇不保」。最痛心的是法律不能予以保障，抑且「甚至搆陷公庭，迫辱備至」。在這種昏天黑地之中，哀哀小民，大家自保不暇，當然是「鄉里既無正論，戚族亦多旁觀」。總統母子因此「含憤茹痛。荼蘗之苦，不足以喻」。

　　國家沒有法律，社會沒有公道，老百姓將何所依恃？自然祇得靠自己。於是總統的母親，是「本其仁慈，堅其苦節，毅然自任以保家育子之重。」而總統自己則「立志出國，學習軍旅。」

那時風氣閉塞，大家不屑當兵，而總統又是王太夫人的獨子，所以「鄰里譁異，輒相泥阻。」但是太夫人不爲所動。〈報國與思親〉中說：「其力排羣議，拮据籌維，以成其學者，吾母也。」後來總統在留日期間加入了同盟會，這在鄉人看來乃是造反，在搢紳先生們看來乃是犯上，那還了得！所以「戚族相戒，莫敢通問」。但是總統的母親，却不是這樣想法。總統追念着說：「其篤信不疑，多方委曲，以壯其行，辛苦持家，以堅其志者，吾母也」。

　　我以常理推測這位賢母當時的心理，她之所以能够這樣地堅忍不拔，我想未始不是有激而發。〈報國與思親〉中有「吾母子含憤茹痛」一句，就是總統母子早年堅忍奮發的張本。她曾對總統說：「吾以煢煢孤嫠，歷人世難堪之境，當其孤苦，曾不知何以自全」。照現代政治的使命來說，那時政府就當給以救助：吏胥勢豪，不准夤緣爲虐；門祚雖單，不成覬覦之的；構陷則予以平反，公庭自有公理；當局能正躬率物，鄉里必有正論。可是滿清末年的政治，那裏談得到這些道理。所以總統的母親祇得無可奈何地說：「孤寡弱小之賴以自存，舍奮勉自立，刻苦自強，更無他道」。在總統矢志革命之後，她乃勉以大孝報國之義。她寄厚望於總統說：「追念吾家往昔岌岌不保之苦狀，即當推而廣之，俾人世無復有強凌衆暴之慘史」。這是賢母的最後遺訓，總統在二十年前尚自勉地說：「迄今猶無以慰吾母九原之望！」

　　「艱難夢月，逝者如斯」，現在我們已能將賢母所責望於後人

的一一實現，「俾人世無復有強凌眾暴之慘史」麼？沒有。因爲
人世還有強凌眾暴的慘事。大陸上的情形不必說，人人皆知共黨
是口含天憲，殺人盈野。我們正在準備反攻，救民水火，但因力
猶未逮，一時愛莫能助；賢母有知，定蒙鑒諒。我們現在所當檢
討的，乃是台灣是否已無強凌眾暴之事。台灣的吏胥勢豪，是否
尚可夤緣爲虐魚肉人民？人民受了吏胥勢豪的壓迫凌辱，是否呼
籲有門，而且一定有效？法律的尊嚴，法治的貫澈，應該是現代
社會的屏障，可是司法官的審判能否獨立而不遭受干涉？民間是
否已無含憤茹痛之人？獄中是否已無六月飛霜之冤？我們做監
察委員的，因爲深入民間，所知較多，每一念及，輒深惶愧。

　　我們今天慶祝總統的七十大壽，大家應當想到「壽人壽世」
的古訓。總統這次號召求言求治的初衷，大約也是本着「以所壽
人者壽世」的意思。因此，政府和人民所當注意的，不僅是枝枝
節節的孤立的個別事項的建議和改革（這些也有必要），而應該
首先着眼於制度，看制度上那裏需要興革。這樣才合壽世之義。
其中最根本的一點，我以爲就是法治，就是總統倡導了卅年而今
尚須努力的法治。總統在給總統府的諭示中，一再指示建議要率
直，要具體，所以我今天不必隱諱，不尚空談，直率地，具體地，
指陳下列有關法治的一些事實和意見。

　　第一、法治的最基本要求，是司法獨立。所謂司法獨立，是
指審判獨立而言。而所謂審判獨立，是說一切訴訟案件，應由經

辦推事，本着他自己的認識和判斷，去採取證據，去適用法條，去決定主文。他不必請示他的上司，他的上司也不得教他怎樣判法。換言之，他的審判不受任何他人的干涉。

　　依據學說和統計，政府機關中最會干涉司法或審判的，莫過於行政機關。而在行政機關或其人員充任訴訟當事人（或做原告或做被告）的時候，基於孟德斯鳩所謂「有權者必弄權」的定律，干涉尤所難免。那時老百姓就會失去法律的保障，而總統母親所痛恨的慘史，就會不斷地演出。為求審判獨立的確保，使它不受行政機關的干涉，而且把干涉的機會和可能性也根本加以杜絕，現代法治國家所以都把法院獨立起來，不讓它再隸屬於行政機關。

　　我國憲法第七十七條也明白規定：「司法院（不是行政院——百註）為國家最高司法機關，掌理民事刑事行政訴訟之審判及公務員之懲戒。」可惜這條規定，現在祇實行了一部份【分】。司法院所掌理的四大對象中，實際祇掌理了兩項和兩項的三分之一。行政訴訟的審判和公務員的懲戒，是歸司法院掌理的；但因行政機關也得以命令撤免所屬公務員的職務，司法院對公務員的懲戒權是已經不算完整了。至於其餘兩項，民事和刑事訴訟的審判，屬於中央的雖歸於司法院，屬於省和縣市地方的，却透過司法行政部而屬於行政院。具體地說，掌理民刑訴訟之審判的最高法院，雖留在司法院，而同樣掌理民刑訴訟之審判的台灣高等法

院和各縣市的地方法院，則一概屬於行政院。如說行政院應當掌理民刑訴訟的審判，那麼最高法院也應屬於行政院，如照憲法的規定，民刑訴訟的審判應該歸於司法院，則高等法院和地方法院自應劃歸司法院管轄。這樣才可杜絕行政干涉司法的途徑，確保審判的獨立。欲談法治，這是急務。

　　第二、整個台灣，現在都在戒嚴地域之內，而且正當國家總動員時期。依據戒嚴法、國家總動員法和妨害國家總動員懲罰暫行條例各項規定，人民的財產和自由，這時依法不受憲法的保障，人民隨時隨地有觸犯法網的危險。國家的處境這樣艱難，法律的規定又這樣嚴厲，人民自當忍受和諒解。但是戒嚴的範圍是否可以縮小一點？總動員的手段是否可以放鬆一點呢？這似乎尚有考慮的餘地。

　　依照國家總動員法的規定，在實施國家總動員法的時候，（而現在就在實施的時候），政府可加於人民生活財產和自由的干涉或限制，計有二十三種之多。其對象包括一切物資的生產修理支配供給輸出輸入和保管，以及各色人等的生活行動。該法第十六條，甚至規定，政府於必要時得令債權人不准向債務人討債。現在中國銀行不發在台民股股東的官息和紅利，據說就是根據這條法律。至於戒嚴法的規定，更屬駭人。在一次鼓勵僑資外資來台的座談會中，一位朋友就提到這一點。他說：「台灣治安雖較好於其他若干地區，可是台灣還在戰時，處於戰地，『戒嚴』二字，

就足使人聽了却步。其中最使僑胞感到威脅的，就是來了不容易
出境。現在每年還有若干僑資回來，實屬難能可貴。假使台灣能
夠解嚴，一切正常化，僑資或可來得更踴躍了。」

我看解嚴恐不可能。但是技術上確有改革的必要。戒嚴法分
戒嚴地域為警戒地域和接戰地域，台灣本島似乎應該是警戒地
域，一切不妨放鬆一些。例如軍法和司法案件管轄權的兩次劃
分，對於人民生命財產和自由的保障有着極重要極顯著的貢獻，
但我以為軍法的管轄範圍，還可縮小一些，若干違反劃分辦法的
個別的例外，更應加以糾正和杜絕。以期早日實現憲法第九條的
規定：「人民除現役軍人外，不受軍法審判。」其實台灣治安鞏
固，人民守法，不比當年大陸時代，用不到再「軍法從事」。

尤其是軍事機關保防人員的活動，尚須進一步求其制度化。
這主要是說，他們的活動範圍，似乎也應照軍法司法劃分辦法，
縮小一點，不得藉口戒嚴和治安，多所干涉。例如保安司令部遊
查小組的活動，就應加以限制，他們的工作方法，似乎也有改善
和制度化的必要。台灣不是接戰地域，祇是警戒地域，關於警戒
的任務，警察應該已經能夠勝任，似乎不必多勞動軍人。二十多
年前，我從外國回來，船到上海碼頭，看到軍警荷槍警戒，人數
總在十人以上，心裏很不自在。因為在外國街上從來不看見陸軍
在站崗，警察多是徒手，好多警察（例如倫敦）且着便衣，而且
街上很少看見他們，在有些地方，住上三五個月，却沒有看見一

個警察。這種情形看慣了，陡見碼頭上軍警林立，人人不免暗暗吃驚。同行二位外國太太，以為岸上出了什麼亂子，更覺惶惶不安。我們現在看慣了，已經無動於衷，可是新來的僑胞和外國人，也許仍會因此擔心我們的治安可慮。其實我們的治安確是最好的，軍事機關可以少管一些了。

　　第三、法治的基礎，是守法。老百姓要守法，執政的人更要守法。因為「法之不行，自上犯之。」不知那位聖人說過這句名言：「法律之前，人人平等。」可是惟有發揮守法的精神，才能做到這步田地，也惟有做到這步田地，才算已是法治，而惟有達到法治，才算奠立了國家的基礎。可是我們目前就缺乏這個守法精神！所以我們還不能達到「法律之前，人人平等」，也不能達到「法律之內，人人自由」，（這句話似乎是蔣總統說的）因而在法律之下就有着許多「例外」的事和「特殊」的人，因而我們還不好以法治自詡。這是我國一大憾事。

　　這種「例外」和「特殊」的事和人，時時都在發生，處處都可看到。面子、權勢和關係，早已成為法治的障礙，近來又加上金錢作祟，於是法律更得退避三舍。案頭適有一些關於中央信託局的資料，正好引以為例。就我所知，該局近來被發現的「例外」和「特殊」事件，有如左列：

　　該局法定員額，祇有四百十六人，但現在却用着六百四十五人；其中臨時職員一百零九人，借調人員四十六人，其他約聘人

員等七十四人。此其一。

　　自備外匯不准用以輸入物資，但該局年來却替一位龍君以自備外匯輸入人造絲四萬八千鎊，賺了一百六十六萬二千元，又替他輸入人造棉紗二百四十件，賺了四百三十五萬三千元，他兩次共賺了六百餘萬元。此其二。

　　東亞熱水瓶廠是一民營事業，借了該局的錢還不出，依法應該破產。但該局却為代管，去年不獨無力還債，而且尚須該局墊欸以彌補虧空。此其三。

　　該局放欸本有內規，條件很嚴。但該局四十二年底先後兩次放貸新台灣紡織公司二百萬元，並無抵押品和殷實商保，後來借期一再屆滿而一再展期，迄今三年，尚未收回。此其四。

　　揚子木材公司老闆就靠這種「例外」和「特殊」發財，想不到雖經糾彈，然當局仍任其繼續「例外」和「特殊」，而且產生了新「例外」和新「特殊」。該公司現欠該局已達一千萬元，財政當局決定要它宣告破產，但又例外規定，如果拍賣所得不足抵償債務時，可以不必拍賣，即由國家行局接辦，不使中斷。該局遵命催告揚子公司依法破產，但該公司到現在仍是延不執行，該局等也不予以強制處分。現聞該公司又在想法要效上述龍君故技，請求以自備外匯輸入物資，據稱非此不能還債。此其五。

　　類此的「例外」和「特殊」事情，以台灣之小，已屬更僕難數，中央信託局不過其中一例而已。滔滔之中，面子、權勢、關

係或金錢，已對法治開始總攻了。大陸淪陷前夕，上海有人慨乎言之：「守法者死，玩法者富，違法者貴，毀法者（按指共匪）富而且貴」。覆轍可尋，我們還可坐視法律在滔滔中慘遭沒頂而不加以搶救麼！

自由中國誠有許多好的地方，蔣總統這次諭示求言，就是一件好事。但是法律假使不能貫澈，守法的精神和風氣假使不能建立，則好法會變成惡法，而所謂「吏胥勢豪，夤緣為虐」、「構陷公庭，迫辱備至」的「強凌眾暴之慘史」，不獨不能根絕，且恐祇是禍之小焉者耳！重讀〈報國與思親〉，更覺得有強調貫澈法治的必要了。

——《自由中國》，第15卷第9期，1956年10月31日。

今日的司法！

社 論[*]

　　近年來司法界之腐敗，和審判之不獨立，真是怨聲載道的事情。在茶餘酒後，大家談到司法方面的黑暗情形，不僅搖頭嘆息，而一片咬牙切齒的痛恨之聲，就是司法界人們自己，也常常能聽到和目擊的。

　　不僅是些街談巷議而已，而一年一度的監察院年會檢討，今年（民國四十六年）對司法部門之檢討，比對任何其他部門，都特別認真，表現得慷慨激昂，情形熱烈，而監委們悲憤填膺之情，則充分的溢於言表。觀此，可見司法的腐敗已到非加整飭改進不可的時候了。這些檢討會是公開的，大家都可以聽到他們主持正義的呼聲。陳委員大榕劈頭就說：

　　　司法本來是人民的一個保障。人民如有冤抑，就要向司法陳訴，希望司法幫他伸雪。但是現在台灣的司法，我們同許多司法界的人談起，都是搖頭嘆息，都覺得現在的司法非常黑暗。司法關係一般人民心理，非常重大。如果司法不能夠保持憲法所賦予的獨立精神，甚至有貪污舞弊的情事，那就要

[*] 編註：本文由雷震主筆。

喪失人心，影響士氣。現在台灣的司法，可說都有剛才所舉的這種弊病，未能保持獨立的精神，講人情，有貪污，許多人談起來都感到頭痛失望。

這樣沉痛的呼籲，司法界自身和主管司法行政的人們，應該對之深加檢討，切實反省，是不是司法失去了獨立的精神，變成了行政的附庸，因而未能盡到保障人民權利的責任。尤其主管司法行政的人們，再不能不顧輿情，糊塗顢頇，一味只知仰承意旨而行事啊！

※※※

大家認為今日台灣的司法，比日據時代還不如。其情形如下：

一、審判失去獨立的精神，司法變成了政治的工具；

二、審判不公平，常有畸重畸輕之感；

三、主管司法行政人員精神之墮落；

四、司法人員的風紀，日趨敗壞。

※※※

為甚麼說台灣今日的司法連日據時代都不如呢？由於下列二件紀錄可以察知。

（一）台灣省在野黨暨無黨無派第三屆縣市長暨省臨時參議員候選人，於本年五月十八日下午三時在台北市新蓬萊公共食堂舉行一次「選舉檢討會」，檢討這次選舉中之不法和舞弊情形，以促成選政的改革，希望逐漸步入民主政治的軌道。在這次檢討

會中，有人明白指出今日台灣法院的判決，遠不如日據時代的「公平合理」(有人還說日據時代日本人固然使盡欺壓奴役，但是在選舉的時候，軍警或公務員都不敢干涉選舉。郭議員雨新於六月十八日在省議會也說日本人對於選舉，不敢欺騙人，不敢壓迫人，公教軍警人員都不敢干涉選舉。以上均見《公論報》)。尤其對於選舉訴訟，幾無是非可言，非國民黨員告國民黨的舞弊案子，總是得不到勝訴的，而國民黨告非國民黨的案子，法院總是宣判原告勝訴。(本刊第十六卷第八期刊載的朱文伯先生的文章和第十六卷第十期登出的蔣勻田先生的文章，均有同樣的說法。)

這一天的檢討會，恰巧有一位日本新聞記者，即《東京每日新聞》台北特派員若㮻正義參加，我們聽到這些話，感到非常難過，不料抗戰八年所收回的台灣，竟使人民尚懷念日據時代司法之公正，怎不令人羞愧。

(二)上面這些話，我們還可「自我寬恕」的說，這是競選失敗者洩憤之詞，不足為判斷今日司法不如日據時代公平之證據，可是當我們讀到監察院司法檢討會曹委員德宣一段悲痛的陳詞，我們再不能文過飾非，不去切實反省而亟謀改正了。曹委員說：

> 我們看看台灣在日據時代，人民受日本的奴役統治、壓迫，可是今天台灣人對日本還念念不忘。原因他們看到日本的司法是尊嚴的，是平等的，上至台灣總督，下至一般人民，在

法律之下，一律平等。台灣光復後是否能做到這樣？台灣老
百姓對於法院的觀感是一落千丈。這實在是值得我們警惕
的。究其原因，誠如剛才陳委員所說，由於司法的威嚴，司
法的獨立精神喪失了。這在立國精神上，在反共抗俄號召上
來說，實在是很痛心的。

※※※

審判缺乏獨立的精神，把司法變成了政治的工具，此可由於
解釋馬乘風何濟周二案為「現行犯」中覘之。葉委員時修說林頂
立案子，也是有着政治成份【分】在內的。

查「現行犯」之規定，載在刑事訴訟法第八十八條，有一定
的涵義，而各國刑事訴訟程序都有類似的規定，不能隨意加以曲
解。解釋馬何二案為現行犯，確是我國司法上之一大恥辱事件。
曹委員德宣說得很明白：

> 談到現行犯問題，我們對何濟周委員的犯法，認為是罪有應
> 得，咎由自取，不予同情，但是他不是現行犯，又是另一個問
> 題。當時本院同仁調查認為不是現行犯，司法委員會就應該提
> 案糾正，可是司法委員會沒有做到，我覺得這不但在司法界留
> 下一個惡例，在本院同仁也是一個遺憾。

陳委員大榕也反對假借現行犯的名義。他認為這種做法是不
公平的，是喪失司法尊嚴的。

審判之不獨立，還有一個重大原因，就是要把「司法來配合

國策」。叮是這就完全違反了司法獨立的原則，也就失去了民主政治的根本精神。關於這一點，黃委員寶實和葉委員時修均有沉痛的指責。黃委員說：

> 司法配合國策，這是司法審判不能獨立的一個最大原因。因為有這個口號，許多案子發生出來以後，馬上政治作用參加進去。本來是一宗普通的司法案件，一變為政治性的案件，譬如過去尹仲容的重大案件，因為看到香港方面共匪出的小冊子，指責台灣文官貪污，所以要法院宣判尹仲容無罪，藉以證明文官不貪污。一個案子發生後，馬上有配合國策的作用參加進去了。假定國家的司法，隨着政府行政部門的好惡，要司法當局配合，對於我喜歡的人，即使犯罪也不判刑；對於我不喜歡的人，就希望關在牢裏幾年。這還成什麼司法呢！我們要司法獨立，絕對不能用司法配合國策的口號。要知道這個口號是違憲的。如用這種口號，永遠不能使司法獨立。

葉委員說：

> 目前的司法成了政治的工具，根本說不上獨立分立。司法捲入政治漩渦，製造不平，製造冤獄，以致怨氣冲天。政治上要對付一個人，便利用司法羅織入罪。此類例子甚多：以何濟周一案來說，就是政治的報復。他如林頂立案，也是有着政治成份【分】在內的。司法聽政治的支配，為政治的附庸。所謂

配合國策，真不知從何說起！這樣法治如何建立得起來？所謂民主自由豈非空談？民主自由的根本精神就是守法，司法界首先却不守法，甚且違法。

※※※

關於審判之畸重畸輕，則使社會喪失了「是非」、「善惡」的標準，使人民對於司法審判失去了信仰。葉委員時修說：

至於裁判的違法，例子更多，何濟周被判有期徒刑八年，依據的法律條文是收受賄賂違背職務，認定渠對違法舞弊之案未加彈劾糾舉。據何濟周說：他的調查報告尚未寫就，怎知渠不提案糾彈呢？上訴高院結果，仍維原判。再看皮作瓊案，集體連續貪污達百餘萬元，只判有期徒刑一年半。把兩案同放在天平上，怎樣也不平。司法而不守法，隨便裁判，這是製造亂源，喪失人心的，倘不整飭，國家便要糟在他們手裏。

陳委員翰珍舉出《聯合報》的批評，認為今日法院的判案，完全失去了公平的標準。他說：

法院審判的案子，又是否公平迅速呢？《聯合報》曾經把幾個大家注意的案子，即皮作瓊案，林頂立案，何濟周案的內容判決列舉出來。連續集體貪污，查得有證據的近兩百萬的皮作瓊，只判一年半。林頂立利用職務圖利他人，判六年。何濟周受賄四萬元，判八年。這樣公平嗎？

　　對於上述三案判決的比較，本刊第十六卷第七期也登載了一則讀者投書，認為：「犯罪最重者反而判刑最輕，犯罪最輕者反而判刑最重，如此這般，實在令人有些摸不着頭腦。」

※※※

　　主管司法行政的人員，作風日下。他們為了要做官而不惜破壞司法獨立，更不顧憲法第八十條「法官須超出黨派以外，依據法律獨立審判，不受任何干涉」的規定。這種顯受外力干涉的情形，在選舉訴訟事件上更可看得明白，即法官們自己也常常感到不平而把他吐露出來。劉委員行之對於司法獨立與選舉有極沉痛的呼籲，認為司法每受外力的干涉，因而失去公平的審判，審判不公平，更可增加民怨。他說：

　　談到司法獨立問題，我要談司法與選舉問題。這問題相當複
　　雜，不願多說。我認為在台灣的選舉訴訟，應該真正獨立審
　　判，不要受外力的主使。選舉是公平競爭，發生了問題，要
　　公平審判。選舉不公平，已經錯誤，訴訟不公平，更增加民
　　怨。使競選者與選民對司法懷疑，對選舉失掉興趣，而失掉
　　政府的威信。政府如為維持一個不關重要的議員，犧牲選
　　民，則不免失去人心，同時讓這不滿的人心怨恨繼續發展下
　　去，更可能有嚴重的後果值得顧慮。因司法每受外力的干
　　涉，而失去公平審判，這在政府當局應該有沉痛的覺悟。
　　曹委員德宣有鑒於此，更痛切的希望司法當局大澈大悟，以

建立司法制度。他說:「司法當局須澈底覺悟,否則,監守自盜,怎麼樣能把司法搞好。」

監守自盜,真是形容今日司法界一針見血之言。語云,上有好者,下必有甚焉。主管司法行政人員如再這樣做下去,司法前途,不堪設想,而民主政治亦將無法建立矣。

※※※

關於司法人員之風紀問題,葉委員時修和陳委員大榕都有指責。葉委員說:

政治不清明,最糟的就是司法。司法界現成了貪污集團,少數清廉守法者,在裏面很難有所作為,他們自己談到目前的司法風氣,也不禁嘆息。我們同鄉朋友中受司法官敲詐的很多,因不願得罪中間人,不肯把證據拿給我們檢舉;有的事後寫信給敲詐的司法官要回了索歉。本院曾糾舉某君,其主管機關將案卷移送法院,承辦法官對某君說,監察院送來的案子,法院很重視,恐怕要判罪的,並詢問他家庭情形財產狀況。某君自知案情不致判罪,始終說他家裏沒有錢。承辦法官乃透過中間向某君太太索賄,女人怕事,將自己的首飾全部送了人情,承辦法官遂判不起訴。某君事後知道了這件事,祇有責備自己的太太,與我談起了這件事,我要他把中間人所寫的收據拿來檢舉,某君不肯,但他心有不甘,便寫信給承辦法官要求退還首飾,否則,向監察院檢舉,結果退

還了一半。這件事發生在台中。

陳委員說：

我有個朋友，曾找到一位高等法院的庭長，談到一個案子，他公開表示說，有個律師曾許我五萬元，但沒有交來，結果這個案子判的不公平，到最高法院發回更審，認為不準確。這事是那位法官親自告訴我的朋友，我的朋友又親自告訴我的。我同律師也談起現在有少數律師，時常和法院法官連起來，某個案子在沒有審問以前，先就可以公開談生意，你要辦到什麼程度，我要多少錢。因此許多律師講到司法，都很頭痛，但是我們要查證據又非常困難，而實在情形確是如此。

司法界裏面有識之士，對於司法界這樣黑暗情形，不僅感到羞愧，而且非常擔憂的。因為司法到了不能保障人民的權利、平反人民的冤抑的時候，迨積怨太深，可能有一天會出亂子的。

※※※

審判的公平與否，關係於人心之向背甚大。司法是人權的保障，人民如有冤屈，要賴司法來糾正，幫助他昭雪。在過去，人民對於地方官吏之良否，恆以其能否「公平判案」和「平反冤獄」以為斷。因為含冤莫白，冤沉海底，乃國家亂源之所由生也。通俗小說中的包龍圖之受人愛戴，人民竟以「包青天」呼之，就是他執法公平，不畏權勢，不懼豪強，能為人民昭雪冤抑。

今日分權的原則，就是要使司法脫離行政而獨立，以保障人

民之權益，免遭行政之非法干擾。故「司法獨立」，乃是實行民主政治的基本條件。故今日的法律不是專為約束人民而設的，同時亦為約束政府而制定的。就是使政府權力之行使，要依據法律，以防止政府濫用權力。

行政干涉司法，在當時可能於政府有利，或達到所希冀之目的，但其終局的結果，則是使人民不相信政府之所為，因而喪失了政府的威信。此點我們不能不深切體認。政府尤其不可只圖目前之便利，而忽略「司法與人心」之關係。此猶之如此次國民黨為求一時選舉之獲勝，竟不惜使用舞弊手段，採取所謂（安全措施），其結果是贏得了選舉而喪失了人心，也就是喪失了政府的威信，使人民再不會相信這樣的選舉。事實勝於雄辯，政府官員的自我宣傳，是絲毫沒有用處的。

總之，司法關係民心太大，故陳委員大榕曾大聲疾呼地說：「要反攻復國，必須收拾民心，要收拾民心，對於司法的黑暗，必須儘量剷除。」

希望司法行政當局三復斯言，反攻復國前途幸甚。

──《自由中國》，第17卷第1期，1957年7月1日。

再談今日的司法

社　論

台北地方法院民庭公設辯護人張金衡自殺前的一篇絕筆書，經《民族晚報》發表（十月十四日）以來，司法界的烏煙瘴氣又成了今天大眾的話題了。

關於近年來風紀的敗壞，本刊在第十七卷第一期曾以〈今日的司法〉為題，發表過一篇社論。在那裏我們引述若干監察委員公開指出的事實，並以他們的呼聲作為該文的結論：「要反攻復國，必須收拾民心；要收拾民心，對於司法的黑暗，必須儘量剷除。」

可是，這篇社論發表後所得到的反應，不是司法界有何實際的改革或改革的象徵，而是台灣高等法院的一篇紙上聲明（見本刊第十七卷第三期及中央、新生、聯合等報）。那篇聲明，一方面為法院辯護，一方面對本刊大肆詆毀與恫嚇（說本刊「軼出言論自由範圍」、「貶抑司法威信」、「故意歪曲」、「淆惑聽聞」、「用心殊難索解」、「法所不容」等等），而其目的，據它自己說，是在「以正視聽，而免影響司法信譽。」

作為一個司法機關的台灣高等法院，既認本刊為「法所不容」，而又不遵循司法途徑來處理，偏要發表那樣一篇政治性的

聲明，這不是正好表明它自己不謹守司法本分，而自隸於政治附庸嗎？「貶抑司法威信」、「影響司法信譽」的，究竟是本刊那篇社論，還是高等法院自己所發表的那篇聲明？

三個多月以後的今天，張金衡的絕筆書又擺在大家的眼前了。「司法威信」、「司法信譽」，又臨到了一個考驗的關頭。眾目睽睽，正看着司法當局又將如何「以正視聽」。語言？文字？還是硬硼硼的事實？

這一案件，現在既已進入司法程序，同時又有監察委員在澈查。我們不擬對它作過多的評論。從治本方面來看，我們可藉這個機會再鄭重地指出兩點：

第一、行政干涉司法的惡習如不澈底革除，司法永無清明之望。

第二、法官待遇如不大大提高，貪贓枉法的事件必然還是層出不窮。

我們指出這兩點，決沒有為那些違法貪污的法官們求曲宥的意思，我們只是強調：司法行政當局如果真的有決心、有能力、有德操，足以整肅司法界風紀的話，除掉個別地澈底查辦涉嫌貪污的案件——如這次張金衡遺書中所指陳的——以外，治本方面，首先要做到絕對維護審判獨立的精神，決不許行政干涉司法。行政干涉司法，不僅影響到某些有關的個案不能按照適當的法條判決，而且一般的普遍的舞文弄法，也因此而受到鼓勵。當

法官的人不都是笨伯，他們怎能不這樣想：你既可以種種動機（政治的或勢利的）干涉我的審判，爲甚麼我不可以爲自己的利益而上下其手呢？最近幾年來司法風紀的每況愈下，行政干涉確屬「爲厲之階」。這方面事例太多了，所以，今日的司法行政部長谷鳳翔，他自己也不得不承認。在十月十五日答覆立法委員的質詢中，他說將要「加強挽回司法之獨立尊嚴」（見當日《自立晚報》）。既說要「挽回」，自然是承認司法之獨立尊嚴已被損害。我們很高興聽到谷部長這樣的坦白自承，同時我們也竚待他的諾言之實踐——加強挽回司法的獨立尊嚴。

其次說到法官待遇問題。這個問題，是軍公教人員待遇問題的一部分。軍公教人員的待遇如得到合理調整，法官的待遇也可以大大地提高。可是關於軍公教人員待遇問題，本刊經常在這裏呼籲。即就去今兩年來說，我們已發表過兩篇社論（第十四卷第十期及第十六卷第一期）和兩篇專論（第十五卷第八期及第十六卷第五期）。在這幾篇文章中，我們對於目前的財政作過分析。尤其在節省浪費方面我們不厭其煩地一再指陳，以塞當局「財政困難」的藉口。但到現在，調整方案還在「拖」的當中。（最近立法院預算、國防、財政、經濟、交通五委員會聯席會議清查防衛捐的收支情況已發現該項捐欵的總額高達九億五千四百萬元，其中有五億另四百萬元未列入中央總預算，歷年支用未盡得當。該聯席會議乃決議將其中的二億三千九百萬元，及該項捐欵

可能超收之數，作為加發國軍中下級軍官及士兵俸給之用——見十月二十五日各報。這件事就足以證明只要政府肯節省浪費，合理調整軍公教人員的待遇，並不是太困難的事。問題只是決策的人每月有若干萬的特支等費可拿，公館的開支——連鮮花費在內，都有機關可以報銷，他們那會同情一般軍公教人員油米柴鹽的辛苦呢？）

　　現在我們專就法官的待遇問題來談。法官待遇，除統一薪俸等與一般公務人員一樣以外，還有補助俸一項的收入。這項收入（薦任法官現在每月四百元）其用意是在於「養廉」。但在現在的生活費用下，這一點補助俸是談不上有養廉作用的。因為一個薦任職的法官，每月收入連補助俸在內，其總額也不過八九百元。所以有極少數的清廉法官，吃不飽，穿不暖，兒女害了肺病，也沒有錢找醫生。我們在這裏除再度呼籲政府對於軍公教人員的待遇，作普遍的合理的調整以外，我們更建議把法官的補助俸也增加起來。我們覺得法官的待遇比一般公務人員優越一點也是應該的。法院有法收，包括司法用紙收入、民事裁判及執行收入、公證收入、罰金收入、罰鍰收入、保證金沒收收入等。這些法收，都是直接來自司法勞務的規費。來自某一勞務的規費，用之於某一勞務的報酬，是符合財政原則的。現在台灣各級法院的法收，每年繳解國庫的當不在少數。司法行政部如將這筆法收的全部或一部份【分】經過合法的手續用以加發法官的補助俸，也不失為

改善法官待遇之一途徑。總而言之，包括法官待遇問題在內的軍公教人員的待遇問題，是今日急待解決的問題。否則官場中貪污腐化的現象只有一天一天普遍；各別地懲治總是懲治不完的。

　　　　——《自由中國》，第17卷第9期，1957年11月1日。

如此司法——「奉命不上訴」

社　論[*]

在司法行政部長谷鳳翔任內一天腐化一天的司法界，現在又有一件違法干涉而且涉及更重大罪嫌的案件被揭發出來了。這就是台中地方法院的首席檢察官居然對本院檢察官所提出的上訴書狀，批示「奉命不上訴」五個大字。

這五個字當中的「奉命」二字，構成了違法干涉的鐵證；而違法干涉的動因，又涉及其他重大的罪嫌。至於涉及罪嫌的人物，從法院組織法來看，高等法院的首席檢察官、最高法院的檢察長、司法行政部長這三個人當中，至少有一人牽涉在內。這是一件縱貫檢察系統而上達司法行政部長的犯罪嫌疑案。其證據，就在這「奉命」二字。從「奉命」二字應可偵察出更重大的犯罪事實來。

目前所已揭發的事實，其經過是這樣：

台灣省政府在籌備搬到台中的時候，為着建築省府新厦，曾在南投縣境的中興村徵購大量的地皮。事後，有人向省府告發，前南投縣長（李國楨）夥同科長及其他經辦人員數人，在徵購地

---

* 編註：本文由夏道平主筆。

皮的時候集體受賄。省府收到這控告以後，當即移送台中地方法院辦理。案經台中地方法院檢察官黃向堅偵察結果，提起公訴。

　　該案於今年五月十四日判決，除前縣長李國楨外，其餘人等均判有罪刑。黃檢察官收到判決書後，對於李國楨被判無罪這一點，表示不服，於是依法提起上訴。上訴書狀送到首席檢察官延憲諒，延竟留中不發。黃檢察官向延催詢，延的答復是上面授意不要上訴。黃檢察官仍不服，到了上訴期限最後一天——五月二十四日——下午四時，又去問延，延仍勸他不要上訴。黃檢察長不得已就請延明白批示。這時，也許有點什麼冲暈了延的頭腦，他居然把實情批寫在紙上——「奉命不上訴」。

　　黃檢察官【長】向堅，畢竟是一位硬漢子，好法官！他拿到延的批示以後，趕緊在當日下午辦公時間以內，把上訴書狀依法提出，並將延的批示附卷。現在這件案子在高等法院審理中。

　　前南投縣長李國楨有罪無罪，現既仍在司法程序中，我們不能講什麼。我們所要追究的，所要申論的，所要指出其嚴重性的，是「奉命不上訴」這一點。

　　「奉命不上訴」這件事，除本刊收到讀者投書一封，詳述其原委及內幕以外，也有人把它向監察院告發。監察院曾派陳委員大榕前往調查，調查經過，陳委員有詳細筆錄。（黃向堅檢察官還有一封信給陳委員），其中為本刊探悉的有這麼一節：陳委員問延首席檢察官，究奉何人之命不讓黃檢察官上訴。延吞吞吐吐

地,最後說出一句:「奉我自己的命。」陳委員當斥其「顯爲遁辭!」延憲諒也就沒話可說了。

已揭發的事實,其經過大略如此。現在冉講到我們對這件事的分析,對這件事的意見,以及對這件事的感想如下:

根據法院組織法第三十一條、第三十二條、第八十七條、第八十八條之規定,其中屬於「檢察署及檢察官之配置」方面者,則有「檢察官服從監督長官之命令」(第三十一條)及「檢察長及首席檢察官得親自處理所屬檢察官之事務並將所屬檢察官之事務移轉於所屬其他檢察官處理之。」(第三十二條)之規定;屬於「司法行政之監督」方面者,則有:司法行政部長監督最高法院所設檢察署;而檢察長、各級法院的首席檢察官,對於依次所屬的檢察官有監督權(第八十七條第二、六、七、八、九各欵);有監督權者對於被監督人所得行使之處分有二:(1)「關於職務上之事項,得發命令使之注意」;(2)「有廢弛職務、侵越權限或行爲不檢者,加以警告。」(第八十八條)

就上述各項條文來看,其中屬於「司法行政之監督」方面者,我們可不去管它,因爲本案不屬於司法行政範圍。我們所要研究的,是屬於「檢察署及檢察官之配置」方面的第三十一條及第三十二條。依據這兩條的規定,延首席檢察官對黃檢察官的上訴書狀,如果認爲不妥,可人衣法採取的途徑,只有兩個:第一、即以自己的意思(也只能以自己的意思)命令黃檢察官不上訴。第

二、把這件案子，從黃檢察官手上拿過來親自處理或移轉本院其他檢察官處理。這兩個途徑，是延首席檢察官可以採用的合法途徑。此外再無其他的合法辦法，現在，延憲諒竟批示「奉命不上訴」。問題就發生在「奉命」二字上。

　　為什麼問題就發生在「奉命」二字上呢？理由很簡單。就是黃檢察官提起上訴書狀這件事，不屬於司法行政範圍，而是屬於檢察業務。檢察業務只受本級法院首席檢察官的監督，上級機關不能干涉。現在延首席檢察官批示「奉命不上訴」，這就是上級違法干涉的鐵證。而且這件案子是由台灣省政府移送台中地方法院偵察起訴的，現在竟有上級機構出來干涉，這不僅就程序講是違法的，而且還有犯了其他罪刑的嫌疑。因為在地院檢察官的上訴沒有送出地院以前，地院以外的任何上級機構，當然不能了解其案情。既不了解其案情，又憑什麼來下命令？現在，居然有所謂「奉命」的干涉，這裏面顯然有更重大的犯罪嫌疑。

　　最後我們還要分析的，延首席檢察官所寫下的「奉命」二字，究係奉誰的命。這裏只有三個人是可能的。一是高等法院的首席檢察官，二是最高法院檢察長，三是司法行政部長。這三個人當中至少應該有一個。究竟是誰，最負有澈查責任的，就是司法行政部長。司法行政部長對這件案子，已經佯聾作啞這麼多時，已足夠構成失職罪。如果今後還要佯聾作啞下去，那末，除失職罪以外，他本人就不免有為本案主犯的嫌疑。

　　我們還要再進一步分析的，就是這次違法干涉的動因是什麼。過去幾次行政干涉司法的事件，如工人報案、林頂立案、何濟周案等等，都是因為黨政的關係，其中不一定涉及賄賂情事。這次的違法干涉，看不出有何黨政關係夾雜其間。既無黨政關係，干涉的動因又何在呢？目前台中區的傳說紛紜，而本刊所接到的讀者投書，且確鑿地說出五十萬元和三十萬元的數目來。這種傳說是否百分之百的可靠，我們雖然尚未得事實的確證，不欲輕下結論，但假使有關當局能澈底查究，並不難弄個水落石出，然這又要看我政府有無澄清司法的決心。

　　上面我們雖然說到司法行政部長對這件案子，負有澈查的責任，但我們知道，這句話是會落空的。近年來司法界的日趨腐化，是司法行政部長谷鳳翔一手釀成的。我們怎能希望他澈查什麼呢？這裏我們只得對監察院及行政院陳述我們的意見：

　　監察院是谷鳳翔榮任部長的發祥地。監察委員都是谷部長當年的同事，有些還是他的密友，而監察院長于右任這位黨國元老，尤與谷部長有親密關係。谷部長這次之得以在陳內閣連任下來，得力於這種關係者甚大。這是大家所知道的事實。現在「奉命不上訴」的案件，既到了監察院，我們希望監察院的院長和委員們都能秉大公無私的精神，為國家法治前途着想，再不要循私情，受請托，好好地處理這件案子。我們尤其希望把這件案子的調查結果早點公開出來，讓大家看得清清白白。歷年來有不少官

吏違法的案件，都鬼鬼崇崇地彌縫過去了。我們再不容職司監察的監察院這樣做了。輿論是監察院的監察者！

其次，我們要向行政院講的。是因為司法行政部隸屬於行政院。在這件案子上面，最應負責澈查任的司法行政部，既佯聾作啞而不作為，那末，司法行政部長至少就應負失職之咎。除失職外，是否還有更重大的罪嫌，行政院就應該從他的身上澈查起。澈底查明延憲諒所奉的命令是不是奉他的命令？如果是他的命令，他的動因是什麼？是不是還犯有更大的罪嫌。這是行政院對這件案子所應負起的責任，行政院應該主動地儘快地對這個案子有所作為，不必等監察院有何表示。

我們知道，「法治」二字是陳院長所經常強調的。但僅僅是口頭或文字的強調，畢竟不能取信於人。人民所要求的，是拿出事實來給我們看！這裏，我們要把本刊第十九卷第三期社論（一）〈新閣的作風與人事安排〉一文中的幾段話，再向陳院長重述一篇：

「就陳內閣的人事安排來說，大體上是值得讚許的。這裏，我們不擬對新舊閣員一一加以評論。我們只想指出兩事，以見新閣人事安排中的最大得失，一事是前任教育部長張其昀的去職；一事是司法行政部長谷鳳翔的留任。前者是大家喝采的，後者却叫大家失望。」

「張其昀是國人皆曰可去的部長，現在終算去職了，谷鳳翔

也是國人皆曰可去的部長，為何要留任？教育行政固重要，司法行政更重要。教育行政辦得不好，後患是漸漸發生的；司法風紀敗壞到了極點，可能逼着人民造起反來。這一危險性，更不容忽視。陳院長是向來標榜法治，主張勵行法治的。……勵行政治，就得從撤換乃至撤查敗壞法治的司法行政部長谷鳳翔着手！」

　　最後，我們還得說到的，近年來司法界日趨腐敗，這是一個事實，但在這個趨勢中，我們也要知道確有若干守正不阿，窮且益堅的硬漢子、好法官，像台中地院黃檢察官向堅這種人。我們對於這些法官們，除表示敬佩之意以外，同時我們希望他們都站起來，不要屈服於違法的干涉。民主與法治，是現代化國家的兩大基柱。現代化的國家不是一羣懦夫所可建立起來的。我們大家記取這一句話。

　　　　──《自由中國》，第19卷第10期，1958年11月16日。

從官方的報道再論「奉命不上訴」

社　論[*]

　　「奉命不上訴」案，經本刊在上期的社論（一）首先揭發以後，當晚（即十一月十五日——本刊雖標明十六日出版，事實上每逢十五日下午就在台北市各書攤出售），台中地方法院的首席檢察官延憲諒又奉命趕來台北，密商對策。於是從十一月十七日起，台北的官方報紙接二連三地以「本報訊」的方式發表了官方送登的「新聞稿」數則。這些所謂「新聞稿」，實際只是官方的自我辯護書。可是這些辯護書漏洞太多，外行人也許會被騙過，但在有法律常識的人面前，只顯得「欲蓋彌彰」，只顯得「心勞日拙」，只顯得司法行政部長更無法逃避他的責任，更無法掩飾他的罪嫌。

　　現在我們一一剖析如下：

　　（一）十一月十七日的官方報道：

　　「最近《自由中國》雜誌，刊載台中地方法院檢察官與首席檢察官對於李國楨瀆職一案，應否上訴發生歧見一節，記者經向台灣高等法院夏首席檢查官探悉，上項事件，該處曾奉司法行政

---

[*] 編註：本文由夏道平主筆。

部本年六月十八日令，嚴飭派員前往查明經過具報。惟因該瀆職案尚在審判中，不論該承辦人措置是否適當，如此際加以處理，間接足以影響該案之審判，故須俟判決後再行處理。外傳司法行政部對該事件未予過問，實屬誤會。」（《中央日報》、《中華日報》）

　　這是延憲諒奉命來台北與有關方面密商以後，急急忙忙拿出來的第一件官方報道。在這裏，我們要注意三個要點：第一、「奉命不上訴」這一嚴重關鍵，用了很輕鬆的字眼——「歧見」二字來掩蓋。第二、關於這一「歧見」曾經司法行政部令飭台灣高等法院檢察處調查過，但未提到最高法院檢察署。第三、關於這一「歧見」案，須俟涉及的訴訟案件（即李國楨案）二審終結以後再行處理。

　　上述的第一點（即以「歧見」掩蓋「奉命不上訴」），是站不住的。因為延憲諒五月二十四日向台北請示，是經由長途電話。長途電話有紀錄在，賴不掉。所以後來官方又不得不向《聯合報》的記者承認一半，說是：「……台中地方法院刑庭，諭知李國楨無罪後，對於上訴與否，延首席曾以電話向上級檢察官請示，但其所得的回答是『應就事論事』」（見十一月十九日《聯合報》第四版）。所得的回答究竟是句什麼話，我們可不去管它。我們所要問的是，依照法律程序，凡判決無罪的案件應否上訴，是否都要向上級請示？這個問題，凡是懂得法律的人都會給以否定的答

覆。既然如此，那末延首席爲什麼偏偏爲這件案子要向上級檢察官請示？這顯然是上級有指示在先，所以延首席不得不再請示於後。儘管你可以隨便地說，請示所得的答覆是「應就事論事」，但只要你承認請示這一事實，即可想見「奉命不上訴」的批示，就是從那天的請示而來的。

　　上述的第二點，使得最高法院檢察長深感不快。他覺得：這一報道，只是司法行政部和台灣高等法院檢察處的自我解脫，而最高法院檢察署卻涉嫌違法了（據悉，延憲諒奉命北來密商對策的時候，最高法院檢察長未曾參與）。於是最高法院檢察署就採積極態度，於十一月十九日斷然下令台灣高等法院檢察處偵查具報（「偵」查與「調」查二詞的法律意義是有很大區別的。據悉，當時有一方面主張用「調」查，但因檢察長的堅持，仍用「偵」查）。此項命令包括三點：（一）說明該署從未下令李國楨案不上訴。（二）令高檢處呈報說明，是否曾下達此一命令給台中地檢處首席檢察官。（三）如高檢處亦未下達此類命令，則台中地檢處首席檢察官延憲諒是否涉及有僞造文書或公務員行使僞造文書之嫌疑。這項命令的發出，是上述官方報道的第二點逼出來的。今後本案在法律程序上的發展，就看高檢處對於這一命令能否忠實地執行。

　　上述的第三點（即本案須俟李國楨案終結後才能處理云云），是本文所要特別申論的重點。這裏，暫時擱置一下，讓我

們看看另外幾則相關的官方報道以後，再給它一併剖析。

（二）十一月二十三日的官方報道，除發表上述最高法院檢察署那道命令以外，又說到：

「據司法行政部官員透露，該部對本案（指『奉命不上訴』案）早在本年六月間即已接獲報告，並曾於六月間及七月間兩次下令調查此事。但因李國楨案迄今尚在高院審理中，爲恐影響審判，故迄未做一處斷。據悉該部將於李案訴訟程序終了後，再對此事做一行政上處理。」（《中央日報》）

這一報道，我們也要注意三個要點：第一點與上述十一月十七日那個報道的第二點大同小異，即司法行政部曾經調查過這一案件。第二點與上述的第三點相同，即本案的處理必須等到李國楨案審判終結以後。第三點，就是最後那一句「再對此事做一行政上處理」，這句話比以前的報道多了「行政上」三字，其用意是想把刑事上的罪嫌輕輕地抹掉，只從行政上課責任，免得過於辜負了延首席一人。萬一逼得他說出真話來，大家都吃不消。

（三）十一月二十五日的官方報道：

「司法行政部表示，關於台中地檢處首席檢察官延憲諒在上訴書上批『奉命不上訴』一節，不管延首席是否有刑事責任或行政責任，均待李國楨案完成二審上訴審結後再行處理。

「李國楨上訴案……原起訴檢察官黃向堅不服判決，未經延首席批閱而直接呈出上訴，延首席在另份【分】上訴申請書上（上

訴高院的業經黃檢察官送出）此一『奉命不上訴』

　　「司法行政部下令該部所屬的調查局調查台中地院之判決李國楨無罪是否因李國楨曾行賄而獲得無罪，調查的初步結果，已否定了以上的疑問。」（《中華日報》）

　　這個報道的第一段，我們仍留待以後再講，這裏要特別指出兩點：（一）第二段所講的話，是故意將事實的經過前後顛倒。想藉此來減輕延憲諒的罪嫌。這顯然是在玩法弄法。這一點請大家特別注意，在現階段，我們尤其要把目光注射到高院地檢處。（二）司法行政部的調查局，在法律上的地位，不是一個有權「偵」查的機關，僅是一個輔助的「調」查機構。它的調查結果只能供檢察官參考之用，不能作為有無罪嫌的根據。司法行政部在這件案子上面，一再說及它曾經調查過。這種說法，只能騙外行人。懂得法律的人，是不會被這種煙幕迷住的。

　　（四）十一月二十六日的官方報道：

　　「司法行政部長谷鳳翔昨日表示，台中地檢處首席檢察官延憲諒向李國楨案承辦檢察官批示『奉命不上訴』，及該案承辦檢察官黃向堅之上訴申明書未經首席檢察官核定即行發出的行政責任，均將於李國楨案的訴訟程序終了後做一處理。谷部長稱，李國楨瀆職案現正由高院處理中，因此，如現在即對台中地檢處首席檢察官延憲諒及檢察官黃向堅追究其行政責任，則將影響審判。」（《中央日報》）

　　這一報道，除把黃向堅也扯上行政責任以外，仍然是司法行政部長谷鳳翔重申他處理本案的立場，即是要等到李國楨案終結後，再行處理本案。這是他一而再，再而三地宣布過的立場；也是他自以爲最堅強的立場。但在法律上講，這一立場是最脆弱的，是最站不住的。本文將要詳細討論這一點。

　　爲討論方便起見，我們假定延憲諒之批示「奉命不上訴」，並不是真的奉到了上級的命令，只是受了李國楨人情上的請託而爲之。換句話說，批示「奉命不上訴」這個行爲，其目的只是接受請託（且不說受賄）。在這個假定下，延憲諒所犯的就是刑法第二百十三條的罪嫌，即：「公務員明知爲不實之事項，而登載於職務上所掌之公文書，足以生害於公衆或他人者，處一年以上七年以下有期徒刑。」如果延憲諒明知李國楨案之上訴爲有理由而又以「奉命不上訴」來阻撓，那就併犯刑法第一百二十五條一項三欵的罪嫌，即：有追訴或處罰犯罪之公務員明知爲有罪之人，而無故不使其受追訴或處罰者，處一年以上七年以下有期徒刑。如果延憲諒還有受賄情事，那末，他就觸犯了刑法第一百二十二條第二項的罪嫌，即：公務員或仲裁人對於違背職務之行爲，要求期約或受收賄賂，或其他不正利益者，處三年以上十年以下有期徒刑。得併科七千元以下罰金；因而爲違背職務之行爲者，處無期徒刑或五年以上有期徒刑，得併科一萬元以下罰金。

　　延憲諒批示「奉令不上訴」這一行爲，無法逃避上述那些罪

嫌之一（至少其中之一）。罪嫌既經構成，最高監督長官司法行政部長谷鳳翔在獲得報告的時候（據谷鳳翔自己說是在六月間），即應很快地根據調查所得發交最高法院檢察署或高等法院檢察處轉令依法積極偵查，決不能等待涉及的訴訟案件（即李國楨案）二審終結後再行處理。等待涉及的案件審判終結後再行處理，這一立場，谷鳳翔有何法律根據？如說恐怕影響李國楨案的審判，這更是胡謅。李國楨是否犯罪是一回事，「奉命不上訴」又是一回事。因為在「奉命不上訴」一案中所要追究的是「奉命」二字，不是李案應不應該上訴的問題。所以前者的審判，決不會受後者的影響，有法律常識的人都會知道。谷鳳翔以李案未終結作藉口，來掩蓋其違法失職的責任，這是他大膽地在欺騙國人。

　　我們再退一萬步來假定延憲諒批示「奉命不上訴」這一行為，不涉及任何刑事上的罪嫌，只是行政上的違法失職，那末，司法行政部長谷鳳翔在獲悉這一行為的時候，就應該遵照公務員懲戒法第十一條後段及第十六條第二項的規定，將延憲諒先行停職逕送公務員懲戒委員會審議，也決不能等待涉及的訴訟案件終結後再行處理。請問谷部長：即假定延憲諒只負行政責任，那末你要等到李案終結後再行處理，這又有何法律根據？如果李案二審終結後（其實二審終結也需要很長的時間），還有一方面不服上訴的話，是不是還要等李案最後判決以後才來處理「奉命不上訴」案呢？

　　由於以上的分析，可見谷鳳翔現在用以解脫違法失職責任的理由，是絕對站不住腳的。總而言之，「奉命不上訴」案在本年六月間谷鳳翔既已知道，到了十一月間還沒有依法處理（所謂兩度調查，或兩度下令查明具報云云，都不是正式進入法律程序的偵查，只是敷衍敷衍欺騙國人而已），這顯然是他的違法失職。至於在這違法失職的背後，有沒有其他罪嫌，我們暫不管它。不過，在這裏，我們可附帶向讀者報告一個消息，即監委陳大榕與黃向堅的談話筆錄中曾紀錄下這一事實：延憲諒曾經告訴過黃向堅，說是谷部長指示不要上訴的。這一點，在高檢處偵查本案的時候，不能輕易放過。積極而忠實的偵查，不能專把眼睛看下面，最重要的要向上面偵查。

　　本文脫稿的時候，監察院彈劾谷鳳翔的案子已經審查擱淺了。今後的發展如何，不僅為谷鳳翔個人之官運問題，而是政府威望或信譽又一次的大考驗。監察院到了今天能否代表民意？能否明辨是非？行政院在這應該收攬人心的關頭，有沒有勵行法治的決心？有沒有去腐洗污的打算？都可從這件案子的發展看得出來。

　　　　——《自由中國》，第19卷第11期，1958年12月1日。

三論谷鳳翔對「奉命不上訴」案應負的法律責任

——又一證據 谷鳳翔難逃教唆罪嫌

社　論

關於「奉命不上訴」案，本刊已經發表過兩篇社論（上月十六日出版的第十九卷第十期及本月一日出版的同卷第十一期）。現在我們又知道在這個案件中還有一段關係重大的經過，爲我們以前所未論及，也爲大家所未特別注意的，這一段經過爲「奉命不上訴」這一批示中的「奉命」二字，提供了硬硼硼的鐵證，證明司法行政部長谷鳳翔應負法律上的責任。

這一段經過是這樣：

李國楨案的上訴期限是五月二十四日。黃檢察官向堅在期限以內依法提出的上訴書狀，一直被首席檢察官延憲諒擱置不發。延的意思是想拖過上訴期限，以達成「奉命不上訴」的任務。所以他在二十四日那天下午故意不到公，以免黃向堅向他催促，殊不知黃向堅到了最後關頭，爲爭取時間，毅然依法塡具「聲明上訴書」一份（聲明上訴書有一定格式，檢察處已印妥備用，只須檢察官塡寫幾個項目，簽名蓋印後，即具備法律效力），趕緊於

當日下午辦公時間以內送到了原審刑庭（即台中地院刑庭）。這時，李國楨案的上訴，實已完成了法律上的程式（依照「辦理刑事訴訟案件應行注意事項」第六十一項的規定，上訴第二審者，並不以敘述上訴理由為必要條件，此與上訴第三審者不同）。可是後來，延憲諒除在黃向堅提出的「上訴書狀」上批示「奉命不上訴」以外，又違法用一紙「行政公文」向刑庭抽回黃向堅的「聲明上訴書」，而刑庭方面，也居然違法把那份「聲明上訴書」讓地檢處抽回（「抽」回與「撤」回不同。「抽」回為一普通行政手續。「撤」回為法律程式。依照刑事訴訟法第三百五十條的規定，「撤」回上訴，應以「書狀」為之。）

　　已正式進入法律程序的「聲明上訴書」，經「院」「檢」兩方共同違法抽出了以後，黃向堅就把上訴書狀連同延的「奉命不上訴」批示，直接呈送台灣高等法院。高等法院經查明黃的「聲明上訴書」雖被違法抽回，但這份「聲明上訴書」，是在法定期限以內向原審刑庭提出的，於是也就不得不受理這一上訴案。高院既受理這一案件，更是確定了「聲明上訴書」的抽回是違法的。

　　這裏我們要特別注意的，就是台中地院與地檢處兩方面在同一案件上共同違法抽出黃向堅「聲明上訴書」這一段經過。由於這一段經過之被揭發，我們就可進一步修正本刊在上述第一篇社論中的論斷。在那篇社論（如此司法——奉命不上訴）中，我們說：

延首席檢察官所寫下的『奉命』二字，究係奉誰的命，這裏只有三個人是可能的。一是高等法院的首席檢察官，二是最高法院檢察長，三是司法行政部長。這三個人當中至少應該有一個。

現在有了新發現的事實，發現台中地院「院」「檢」兩方在這件案子裏面敢於「共同」違法，這就可以論斷司法行政部長谷鳳翔無疑地是下命的人。他再也不能逃脫法律責任了！我們何以這樣講呢？因為地檢處的上級長官有三個：一、高等法院的首席檢察官，二、最高法院的檢察長，三、司法行政部長。地方法院的上級長官有兩個：一、高等法院院長，二、司法行政部長。由此可知，在司法行政部長以下，「院」方與「檢」方是各成體系的。僅為「院」方的上級長官不能命令「檢」方；僅為「檢」方的上級長官也不能命令「院」方。能夠命令「院」方，同時也能夠命令「檢」方的，只有「院」「檢」兩方共同的上級長官，司法行政部長。現在在這個「奉命不上訴」案中，台中地院「院」「檢」雙方敢於「共同」違法，就可看出他們所奉的命顯然不是「檢」方一方面的上級命令，也不是「院」方一方面的上級命令。如果只有一方面的上級命令，另一方面是不敢共同違法的。只有他們兩方共同的上級長官有命令，他們才敢於「共同」違法。他們兩方共同的上級長官，只有司法行政部長。所以我們就斷定「奉命不上訴」案中的「命」，是司法行政部長谷鳳翔所下的。這一

論斷，是以上述台中地院「院」「檢」兩方共同違法的行為作一鐵證。這一鐵證，就足够證明監察委員陳大榕筆錄中所載的那句話的真實性——陳的筆錄中寫下，黃向堅說延憲諒曾告訴過他，說是谷部長指示不要上訴。不僅如此，我們也可由此斷定台中地院對李國楨的宣判無罪，也是谷鳳翔的指示。後來台中地院敢於違法讓「檢」方抽回「聲明上訴書」，不過是同一指示的延續而已。

　　至此，我們可以根據我們的刑法找出谷鳳翔所犯的罪嫌是教唆罪，教唆別人觸犯刑法第一百二十五條第三欵後段的罪（有追訴或處罰犯罪職務之公務員，明知為有罪之人，而無故不使其受追訴或處罰者，處一年以上七年以下有期徒刑）。教唆罪犯與其所教唆之罪同罰。

　　延憲諒批示「奉命不上訴」所觸犯的罪嫌，顯然是瀆職罪，不能視為「偽造文書」罪。如認為是偽造文書的罪嫌，那就是假定延所批示的「奉命」二字是虛偽的。這一假定，顯然是錯的。因為偽造文書只是一個手段，手段是有其目的的。就「奉命不上訴」這個案子講，延憲諒的目的是要黃向堅不上訴。這個目的，延憲諒原可依法達到，用不着偽造文書。即他以首席檢察官的身份【分】，直接命令黃向堅不上訴就行了。換句話說，如果延只批示「不上訴」三字，而不寫下「奉命」二字，黃向堅得照這一批示不上訴。延憲諒既有合法的手段可以達到目的，他為什麼不

採取合法手段，而要僞造文書呢？除非有充分的科學的證據，證明延憲諒是一個精神病患者。否則我們就不能認爲延所犯的罪嫌是僞造文書罪而不是瀆職罪，這是就我們大家所公認的事理來講。現在既有了上述的這個新發現的事實（台中地院「院」「檢」雙方共同違法的事實），那就不僅證明延憲諒所批示的「奉命」確有下命的人，而且證明下命的人以谷鳳翔的嫌疑爲最大。我國刑法是採取自由心證主義，而不是採取法定證據主義。我們不必要有谷鳳翔親筆的命令或口頭命令的錄音帶，才能斷定谷鳳翔的罪責。本刊三篇社論所引的事實，所作的推理，以及所依據的法條，已百分之分【百】地具備自由心證的條件了。

　　我們再從另一方面來看：

　　「奉命不上訴」案據谷鳳翔自己說是六月間就知道的，他既早已知道，不僅不即時下令偵查，而且到了這案子鬧得輿論沸騰，最高法院檢察署下令偵查以後，谷鳳翔對被偵察的延憲諒，也不給以停職處分（去年十月間張金衡自殺案發生的時候，被偵查的台北地方法院院長趙執中曾受停職處分），這顯然是存心庇護。至於說要等到李國楨案終結後再行處理，這一點我們在本刊上一期的社論中已經駁斥，這裏不必再講。我們知道，過去數年台灣高等法院的審判，是經常接受行政干涉而唯命是聽的。今後是不是還像過去一樣，李國楨案的二審宣判，就是一大考驗。目前谷鳳翔的用心，是想等到李國楨案按照他的意思，二審宣判維

持原判以後，他就可以來些說詞為延憲諒解脫，也就是間接為自己解脫。其實，即令高院二審宣判維持原判，谷鳳翔也不能在「奉命不上訴案」中擺脫他的法律責任。「奉命不上訴」案的違法瀆職罪，決不因李案的如何終結而受影響，因為上訴與否的決定，是基於四點考慮：（一）原判決認定的事實有無錯誤；（二）適用法則是否正當；（三）訴訟程序有無瑕疵；（四）量刑標準是否適當（辦理刑事訴訟案件應行注意事項第六十一項）。所以即令依照谷鳳翔的意願，二審判決李國楨仍為無罪，也不能說黃向堅不應上訴，更不能說「奉命不上訴」的批示是無罪的。谷鳳翔把李國楨案與「奉命不上訴」扯在一起，只是他渺視國人、欺騙國人的胡說八道。

　　最近，谷鳳翔在立法院答覆質詢時，說「奉命不上訴案」之擴大，幕後有陰謀在；有人迫他下台。（見十二月二日《自立晚報》）陰謀？我們不知道谷鳳翔口中的陰謀作何解釋。事實上，「奉命不上訴」案之擴大，是由於案情的嚴重性。而案情的嚴重性，是谷鳳翔自己造成的。怎能說有人陰謀？輿論界對這件案子講話，有事實，有法理作根據。谷鳳翔如認為受了委曲或冤枉，儘可拿出事實來，從法理上答辯。如果想以「陰謀」兩字來嚇唬人，實不值識者的一笑。至於說有人迫他下台，這倒是我們正正堂堂毫不含糊的公開的主張。否則我們也就不會一而再，再而三為這件案子寫文章了。我們辦政論刊物的人，對於國人皆曰可去的官

吏，我們必得挺身來撐他。這是我們道義上的責任。至於撐得掉，
或撐不掉，倒不是本刊的得失問題，而是我們政府要不要收攬人
心的問題。就「奉命不上訴」這件案子講，國人所注目的，不止
於谷鳳翔是不是會受行政處分，我們大家還要看谷鳳翔是不是會
受法律制裁。

　　——《自由中國》，第19卷第12期，1958年12月16日。

「奉命不上訴」為何「不予起訴」？

社　論[*]

　　「奉命不上訴」案，是近年來違法瀆職涉嫌受賄而最具證據
的一大案件。像這樣一件中外注目的大案子，新竹地檢處竟以不
予起訴終結，竟「敢」以不予起訴終結。我們不得不大書特書，
谷鳳翔想把今日台灣的司法搞到「無法無天」的地步！

　　谷鳳翔在「奉命不上訴」案中犯有教唆瀆職罪嫌。這是本刊
對於這個案情加以週密研究以後得到的結論（請看本刊第十九卷
第十期社論（一）、同卷第十一期社論（三）、同卷第十二期社論
（二））。這個結論不是輕易得來的。我們用了許多確確實實的證
據（如：白紙批上黑字的「奉命不上訴」五字；延憲諒當時向台
北請示的長途電話紀錄；監察委員陳人榕與黃向堅的談話筆錄，
筆錄中寫上延憲諒告訴黃向堅，說是谷部長指示不要上訴的；又
如谷鳳翔長期袒護延憲諒而不交付偵查，以及台中地院「院」
「檢」雙方敢於共同違法，抽回「聲明上訴書」等等），引了若干
有關的法條，作了很審慎的推理，才得到那樣一個結論。現在這
件案子的前台主角延憲諒既經不予起訴處分，後台主角的谷鳳翔

---

[*]　編註：本文由夏道平主筆。

也就可以不負任何法律責任了。谷鳳翔的手法,解脫了他自己的罪刑;國家的司法尊嚴,也被他的手法斷送了。

我們現在來看新竹地檢處對於延憲諒不予起訴的理由(不起訴處分書的原文登載在去年十二月卅一日《中央日報》第四版)。那些理由,在法律上在事理上都是站不住的。

第一、延憲諒的托詞是「因對李國楨瀆職案判決應否上訴問題,與承辦檢察官意見不同,倉促之間未及考慮,遽批為『奉命不上訴』,原意是要他奉我的命令不上訴」云云,不起訴處分書便替他開脫,說道:「被告(指延憲諒)當時批示,暨(原文如此)以自己的意思命令檢察官不上訴,乃在簽呈內為明確之指示,竟以含義不清之文字登載其上,以致責任不明,滋生誤會,其用語自嫌失當,惟此情形,究乏明知不實而為記載之直接故意」。這一論斷,顯係故意把「奉命」二字輕輕放過。一方面,不駁斥延憲諒對於「奉命」二字的曲解;一方面又用「含義不清」、「滋生誤會」等輕鬆語為延憲諒解脫。這實在是明目張膽地違反認定證據的經驗法則。在認定證據的經驗法則下,一切語言與文字,不得違背公認的意義或解釋。該處分書對這個具有關鍵性的「奉命」一詞,竟如此輕輕放過,其敢於舞文弄法,欺騙世人到了如何程度!新竹地檢處的檢察官真這樣膽大嗎?天下人不盡是傻瓜,該處分書不是在台北寫好送到新竹去的嗎?很多人也就這樣懷疑了。本月三日《聯合報》黑白集上的話,是富有代表性

的。

　　該處分書的上述說詞，不僅民間對之深感憤慨，而最高法院檢察署也表示不滿，據本月一日《聯合報》消息，「最高法院檢察署，昨已自報上閱悉本案之不起訴處分書，對該處分書以『奉我自己之命』的辯解作爲處分之依據，表示不能滿意。因最高法院檢察署令付偵查之原令，已明晰指出：以『奉我自己之命』的辯解，理有未通，顯非事實。」最高法院檢察署的這一表示，一方面是爲今日台灣的司法保留一絲微光，一方面也顯現新竹地檢處對於本案敢於以不起訴處分，是有其更大的背景。

　　第二、不起訴處分書又藉口檢察一體，謂「檢察官應服從監督長官之命令，被告（延憲諒）爲該院首席檢察官，對於所屬有權爲何種之指示，自無假借上級命令之必要」。關於這一點，我們再度仔細研究，認爲所謂檢察一體，其精神應只限於法院組織法第三十條「檢察官於其所配置之法院管轄區域內執行職務，但遇有緊急情形時不在此限」及第三十二條「檢察長及首席檢察官得親自處理所屬檢察官之事務，並得將所屬檢察官之事務移轉於所屬其他檢察官處理之」這兩條所有的規定。雖然法院組織法第卅一條有「檢察官服從監督長官之命令」的規定，亦限於內部行政及第三十二條所定的範圍，不能擴大解釋首席檢察官有指揮檢察官起訴、不起訴、上訴或不上訴之權。若照該處分書的理論來講，不上訴的指示，既屬「依法有權」，黃向堅即應服從，其應

服從而不服從，則所提上訴書便不應認爲合法。不合法的上訴書應該無效。何以同一處分書又在後面引用法院組織法第二十九條「檢察官對於法院獨立行使職權」之規定，而認爲黃向堅違抗延憲諒命令之上訴爲有效？如果首席檢察官的「依法指示」之權沒有範圍，黃檢察官的上訴不但不應有效，他還應受違抗命令的制裁才對。如果檢察官應獨立行使職權，則延憲諒便無權指示不上訴；從而其批示就是實在奉到上級命令，或者是假借命令。如屬前者，即應追究係奉何人之命，以期發現真實，如係後者，當然是以明知爲不實之事實登載於公文書。兩者必有其一，不是前者就是後者；不是後者就是前者，決不能有其他的辯解。

　　第三、不起訴處分書最後認爲向第二審法院提起上訴，法律並無必補上訴理由的規定，遂謂「微論該上訴理由書已由檢察官向法院補行提出，即令未提，依法亦無不合，是被告在該簽呈內所爲批示，不過係內部見解不同之一種意思表示，對於檢察官已向法院提起上訴，不生何種影響，自無足生損害於公眾或他人之可虞」。我們要問延憲諒所批「奉命不上訴」，祇是表達一種不同的意見呢？還是指示對於李國楨瀆職案第一審判決不提上訴？上訴是可以撤回的，撤回了便不能再提。黃檢察官假如服從了延憲諒的指示，不但上訴理由書不會送出，已提的上訴還須撤回。這樣的批示還能說「無足生損害於公眾或他人之虞」嗎？刑法僞造文書印文罪一章各條所稱「足生損害於公眾或他人者」，不是

一定要發生損害，祇要有足以發生之可能（「之虞」二字的意思就是指「可能」而言），便已構成犯罪條件。何況延憲諒在批示之後又向院方抽回「聲明上訴書」，如果不是黃向堅堅持到底，則早已發生了實際上妨碍上訴的損害。

延憲諒批示的「奉命不上訴」，明明不是偽造文書，而官方偏要在偽造文書上做文章，本已文不對題。其結果又不敢按偽造文書的罪嫌去起訴，以免延憲諒代人負罪，或逼得他說出真話來，因而為他開脫，以致那份處分書寫得那麼糟。引用法律條文和專家著述，一味斷章取義，任意曲解，但仍不能掩飾其矛盾。前些時官方報紙所登的所謂本報訊（實即同一機關送登的稿子，請看本刊第十九卷第十一期社論（三））和現在這份不起訴處分書，從明眼人看來，這其間有一脈相承的心勞日拙的窘態。

延憲諒無罪了！他既不是瀆職，也不是偽造文書，那末「奉命不上訴」的批示，只好說是他糊塗到糊塗透頂才寫下的。一個當首席檢察官的人，如果糊塗到了在公文書上糊塗批示，還不該給以嚴厲的行政處分嗎？可是谷鳳翔對於延憲諒自始至終是袒護的。到了現在還要把他調到屏東地檢處去，仍然當首席檢察官，既不免他的職，也不降他的級。官階如故，職權如故。如果延憲諒所批示的「奉命」不是奉谷鳳翔之命，谷鳳翔何至袒護延憲諒到這種程度呢？事情很明白：教唆別人犯罪的人，自然不能回過頭來去懲罰被教唆的人。如果這樣作，被教唆的人可能被逼

得說出實情來。由於這一可能的威脅性存在，所以谷鳳翔對於延憲諒，既不敢交付偵查於前，也不敢給以行政處分於後。

谷鳳翔始終袒護延憲諒，其原因，大家都可理解了。谷鳳翔毀壞了國家法律的尊嚴，而已經失掉了尊嚴的法律，自然對他毫無辦法。可是，輿論是良心的法庭（the tribunal of conscience），在良心的法庭之前，谷鳳翔是不能抬頭的。但是這對於谷鳳翔又有什麼關係呢！「笑罵由他笑罵，好官我自為之」。本來是古往今來的官僚哲學。

一個政府偶爾有一兩個不肖的官吏，即令是一兩個大官，並不是一件太可怕的事。可怕的是違法亂紀而證據鑿確的大官，既不受到法律裁判，又不受到行政處分，那末，這個政府本身，也就很難維繫人民的信賴了。這是個很嚴重的問題。因為這個問題關係嚴重，所以在這個「奉命不上訴」案初被揭發的時候，我們就在第一篇社評（第十九卷第十期），特對監察院及行政院陳述我們的意見。當時我們希望於監察院的，是秉大公無私的精神，為國家法治前途着想，不要循私情，受請託，好好地處理這件案子。當時我們希望行政院的，是採取積極的主動的態度，不必等監察院有何表示，即課谷鳳翔以失職的責任，同時還更進一步澈查在這件案子當中，谷鳳翔是否還有其他更重大的罪嫌。現在，時間經過了兩月，本案在法律程序上既如此這般地告一段落，而監察權也不能發生作用，行政處分一點也沒有。這就影響到大家

對於整個政府的看法了。

　　監察院有個時期，曾享有很高的聲譽，可是這一次陳委員大榕所提出的彈劾谷鳳翔案，竟遭擱淺，該院原有的聲譽，大大地貶損了。縱容一個違法亂紀的谷鳳翔，其事小，因縱容一個谷鳳翔，而貶損監察院的聲譽，而放棄監察權的行使，其事大。作為人民代表的監察委員們，總應該有一點政治責任心吧！大家還瞪着眼睛看你們是不是把谷鳳翔彈劾案一拖了之？再就行政院講，我們提過多次，陳院長向來是標榜法治的。標榜法治的行政院，對於一個違法亂紀的司法行政部長不僅不交付法律制裁，而且也不給以行政處分，這叫人民如何可以信賴政府呢？

　　谷鳳翔自始至終袒護延憲諒，自有其不得已的苦衷，大家都可理解。但我們所不能理解的，為什麼監察院和行政院都要袒護這樣一個違法亂紀、斷送司法尊嚴的司法行政部長，而不能通過彈劾案，而不能給以行政處分呢？難道谷鳳翔的後面，還有什麼其他力量支持嗎？如果真有一個力量在支持谷鳳翔，我們可以斷言，這個力量是反動力量，是摧毀國家命脈的力量，是逼着人民造反的力量！我們信仰自由民主的人們，是主張和平運動而深恐暴力革命的。所以我們經常地督責政府自己守法，才好叫人民守法，如政府自己對於一些違法亂紀官吏一味袒護縱容，甚或在政府的背後還有大力在指使或支持。那末，台灣政局的前途是不堪設想的。整個大陸丟掉了，剩下的這塊小小土地——台灣，是不

是也要丟得一乾二淨才甘心呢？四億多的人民，被害得陷於匪窟，剩下的一千萬人，是不是也要逼得他們都挺【鋌】而走險才罷手呢？有權勢的人們啊，當夜深人靜，聽不到奴才們歌頌之聲而頭腦稍為清醒一點的時候，請想想吧。

　　——《自由中國》，第20卷第2期，1959年1月16日。

各級法院應不應該隸屬於司法院？

——依據憲法第七十七條之「正」解，司法院究竟是個什麼性質的機關？

雷　震

近年以來，尤其自谷鳳翔任司法行政部長以來，大家認為台灣的司法界，常有下列四種的毛病：

一、審判失去了獨立的精神，司法往往變為政治上的工具；

二、審判上不公平，常有畸重畸輕之嫌；

三、主管司法行政人員精神之墮落，大有江河日下之勢；

四、司法人員的風紀，日趨敗壞，失去了司法的尊嚴。

這是一般的看法。甚至有人認為「今日台灣的司法，比日據時代還不如。」所以「今天台灣人對日本還念念不忘。」（見四十六年五月監察院年會司法檢討會曹委員德宣發言紀錄）

監察委員陳大榕在同次司法檢討會上，對司法部門有如下之陳詞，其悲憤填膺之心情，溢於言表：

「司法本來是人民的一個保障。人民如有冤抑，就要向司法陳訴，希望司法幫他伸雪。但是現在台灣的司法，我們同許多司法界的人談起，都是搖頭嘆息，都覺得現在的司法非常黑暗。司

法關係一般人民心理,非常重大。如果司法不能够保持憲法所賦予的獨立精神,甚至有貪污舞弊的情事,那就要喪失人心,影響士氣。現在台灣的司法,可說都有剛才所舉的這種弊病,未能保持獨立的精神,講人情,有貪污,許多人談起來都感到頭痛失望。」

職是之故,大家認爲今日的司法,非從速加以澈底的改革不可,而其改革方案,有人主張:

(一)高等法院及地方法院,應由行政院劃出來,改隸司法院管轄,以免行政干涉司法。

(二)最好更進一步,把司法行政部暨其所屬檢察機構,一股腦兒由行政院搬到司法院。這樣司法就可獨立,而審判就可公平,法院本身亦可弊絕風清。

關於第一點,四十七年度監察院年會總檢討會議對於一般政治檢討意見第二十九項,可謂這種意見的代表之作。第二十九項全文如下:

> 為求審判之獨立,憲法第七十七條規定,法院應屬於司法院。現最高法院雖屬於司法院,但高等法院及地方法院則尚屬於行政院。本院曾請大法官予以解釋。現聞各方觀念漸趨一致,法院改隸,可望實行。允宜早日實現,以符憲法規定。

請注意上項意見中有這樣一句話,即「現聞各方觀念漸趨一致」,就是說各方面都認爲各級法院均應隸屬於司法院。所謂「各方面」者,也包括王雲五氏主持的行政改革委員會的。該會報告

書中，已明明白白提出此項意見。據監察院的解釋，這是憲法第七十七條所規定的。今天僅將最高法院屬於司法院，而高等法院及地方法院尚屬於行政院，顯然是違憲的。故作結論說：「允宜早日實現，以符憲法規定。」

關於上述第二點，據一位監察委員告訴我們說，大法官中早有此項意見，即將司法行政部暨其所屬檢察機構一併改隸司法院，可期審判獨立，工作便利，並希望監察院的「政治檢討意見」能具體的提出此點，俾他們容易下手作出解釋。惟此項要求，監察院未予採納，故未作是項決議。

＊　　＊　　＊　　＊

我們現在要提出疑問的是：

第一、憲法第七十七條的規定究竟是什麼意義？監察院和行政改革委員會真正搞明白了其真正意義沒有？

第二、在現狀之下，如果所有審判機關，即各級法院一齊隸屬於司法院管轄，是否可以保持司法獨立，審判公平？往事可鑒，不能憑空論斷？

第三、如果把高等法院及地方法院改隸司法院，而各級檢察機構仍屬於行政院，是否可以運用自如，毫無牽制？

第四、如果把司法行政部連同各級檢察機構全部由行政院搬到司法院，是否可以運用自如，毫無扞格？

茲依照上列順序，逐項說明我們的意見如下：

＊　　＊　　＊　　＊

　　第一、我們認為監察院所作的上述解釋，說「憲法第七十七條規定，法院應屬於司法院」，絕對是「武斷的」、「粗疏的」解釋，而未從憲法這條條文的字義上作仔細的推敲，也未從「權力分離」這一原則來考慮這個問題。監察委員們看到現象之不合理——法院分屬兩個系統和審判不能獨立——亟思有以糾正之，乃提議改隸，確有他們一番苦心。惟遽作此項解釋，顯係受了訓政時期司法院體制的影響，在觀念上不免尚有過去殘餘的意識形態。我們認為今天在司法院之外，又搞出一個最高法院，且將司法行政割裂為兩段，乃是「行憲後走了樣子的地方」，不是憲法的原意。固然，行憲後走了樣子的地方尚不止此，這也是其中之一。這裏我且引用拙著《制憲述要》關於這一問題之意見（該書六一頁至六二頁），以說明憲法第七十七條的真意：

　　現行憲法第七十七條規定：『司法院為國家最高司法機關，掌理民事、刑事、行政訴訟之審判及公務員之懲戒。』照這條條文的意義，司法院本身即為最高法院，應毫無疑義。國民政府於三十六年三月三十一日公布之司法院組織法第四條規定：『司法院分設民事庭、刑事庭、行政裁判庭及公務員懲戒委員會』，即係根據這個精神來立法的。這正合乎制憲的原意。這條法律雖經公布，但未實行，乃於同年十二月二十五日加以修正。而此項修正的司法院組織法，又復

沿襲了國民黨訓政時期的舊制，於司法院之外，另行設置最高法院，以掌理民事和刑事之審判。修正的司法院組織法，乃是絕對的違反了憲法的原意。從上述第一次司法院組織法第四條之條文，更可明瞭修正司法院組織法之不合理。

現在，不僅司法院變為一個無事可做之多餘機關，而司法行政又復割裂為二：即最高法院之司法行政，由司法院管轄，而高等法院以下之司法行政，則歸於行政院之司法行政部管轄。這不僅是變更了憲法的原意，而且是誤解了司法權——審判——之本意。

看了上述的文字，我們可以明瞭憲法第七十七條之原意所在，即司法院本身就是最高法院，是「掌理」民事、刑事審判之機關，非居於「監督」地位來掌管司法行政之機關，否則該條所稱「最高司法機關」之「司法」二字，就無法來解釋了。如果照監察院的解釋，各級法院包括「最低」級的地方法院，均應屬於司法院管轄的話，則「司法院為國家『最高』司法機關」一句話中之「最高」二字，根本上就說不通了。蓋「最高」二字明明表示司法院這一級審判機關，是國家的「最高」司法機關，何能強辭奪理的硬說：「憲法第七十七條規定，法院應屬於司法院」呢？這個「應」字是從那裏冒出來的！這不是武斷粗疏是什麼？這不是誤解憲法原意是什麼？這不是因襲訓政時期的舊制是什麼？其詳當於次節論之。

　　其次，如果司法院在掌理民事、刑事和行政訴訟之審判及公務員之懲戒各事之外，還要賦予「兼理」司法行政之權，則與憲法第七十七條所說：「司法院爲國家最高司法機關」之「司法」二字，又是不相符合了。而且這一條文明明白白的說，司法院之職權，只「掌理民事、刑事、行政訴訟之審判及公務員之懲戒」，何嘗要求它去「兼管」司法行政之事呢？讓我再提一件鐵一般的證據，即現行憲法的母體「政協協議之修憲原則」。該原則第四條列有：「司法院即爲國家之最高法院，『不兼管司法行政』，由大法官若干人組織之。大法官由總統提名，經監察院同意任命之。各級法官須超出黨派以外。」由此憲法所據以產生的老根子來看，益可瞭解憲法第七十七條司法院即爲最高法院，不應「兼管」司法行政。牽強附會是最要不得的！

＊　　＊　　＊　　＊

　　第二、論者以爲高等法院及地方法院改隸於司法院之後，即可保持審判之獨立。上述監察院所提的意見，一開頭便說：「爲求審判之獨立，憲法第七十七條規定法院應屬於司法院」。聞行政改革委員會之建議，也是用了類似的字句。這個見解之違反憲法的規定，已如上文所述，在事實上，僅僅這樣改隸，也是達不到「保持審判獨立」之目的的。有人說改隸之後，行政干涉司法的情形，可能比較好些，可是依照當前的事實看起來，連這一點「比較好些」的希望，依然是會落空的。我們要矯正錯誤，必須

找出錯誤的癥結所在，然後才可對症下藥。不然，就是牛頭不對馬嘴了。茲分析今日審判不能獨立之實際情形於後。這是有目共睹覩的事情，不是我們憑空臆斷的。

今日外來干涉司法審判之「第一」位，要數到國民黨而非行政院。如果我們對這第一位隨時干涉者無法阻止，不能約束，各級法院今後搬到那個院子裏放着，其結果都是一樣的。搬家的希望會完全落空的。當時參加制憲的民社黨、青年黨出席人員有鑒及此，故堅持列入今日憲法第八十條這一條，即「法官須超出黨派以外，依據法律，獨立審判，不受任何干涉」，而不惜以退席來表示。在其他國家之成文憲法，雖然也有類似的條欵，但沒有我們憲法第八十條那樣斬釘截鐵的列出來，而且明明白白的寫出：「法官須超出黨派以外」。這就是在我們制憲的時候，青民兩黨的人士偏偏堅決主張要加入這一條的理由。他們不是無的放矢，而是根據多年的實際經驗而堅決要求加入的。因為他們過去在長時間的訓政時期內，受盡了國民黨「黨化司法」的痛苦，他們有許多許多黨員遭受了很多的災難和慘痛的犧牲。而且他們是想為「真正」的民主政治奠一基礎。我們憲法第八十條的規定如果不能「認真」實行，各級法院無論隸屬於那一院，國民黨各級黨部照樣會用種種方法「橫加干涉」，法官很難拒絕其干涉而獨立審判，除非像黃向堅那樣硬漢子。大家只要看看這幾年的選舉訴訟，就可明瞭上面所說的實際情形。

　　在選舉訴訟事件之中，我們幾乎可以說：非國民黨員告國民
黨員的舞弊案子，總是不得勝訴的；而國民黨員告非國民黨員的
案子，法院總是宣判原告勝訴。有人說選舉訴訟的判決詞，都是
台北寫好送出去的，我們也不敢說這完全是栽誣的。青年黨負責
人朱文伯先生〈我看「選賢與能、節約守法」〉的文章（載本刊
十六卷第八期）和民社黨負責人蔣匀田先生在〈選票與人心〉的
文章（載本刊第十六卷第十期）內，都提到今日台灣選舉訴訟之
極端的不公平，一致認為在選舉訴訟上，幾無是非可言。而民社
黨的監察委員劉行之在前述同一監察院年會檢討席上，對於台灣
今日司法獨立與選舉的關係有過極沉痛的呼籲，認為今日司法每
受外力的干涉，因而失去公平的審判。由於審判的不公平，更可
增加人民對政府的怨恨。他說：

> 談到司法獨立問題，我要談司法與選舉問題。……我認為在
> 台灣的選舉訴訟，應該真正獨立審判，不要受外力的主使。
> 選舉是公平競爭，發生了問題，要公平審判。選舉不公平，
> 已經錯誤，訴訟不公平，更增加民怨，使競選者與選民對司
> 法懷疑，對選舉失掉興趣，而失掉政府的威信。政府如為維
> 持一個不關重要的議員，犧牲選民，則不免失去人心，同時
> 讓這不滿人心的怨恨繼續發展下去，更可能有嚴重的後果值
> 得顧慮。

　　上述這些毛病，若謂將高等法院和地方法院改隸司法院之後

就可以減少些，即國民黨的干涉就比較少些，除非他是大傻瓜，誰也不會相信這一說法的。除非國民黨是真正的覺悟到「司法獨立是維繫人心、減少民怨之要道。」

其次，使司法失去獨立、審判不能公平的，就是把「司法變成為政治的工具，用以打擊異黨分子」。這也是國民黨幹的，最少是國民黨在幕後發蹤指使的。法院不恤人言指責，公然敢把青年黨監察委員何濟周視為「現行犯」而加以逮捕羈押（按現行犯之規定，載在刑事訴訟法第八十八條，有一定的涵義，而各國刑事訴訟法規都有類似的規定，天下的法官的解釋都是一樣的，絕無例外），就是一個很明顯的例子。立法委員程瑗也是因為賄賂問題（包啓黃的案子裡暴露出來的）而被判徒刑二年，何以未當做現行犯而先行逮捕羈押呢？因為她是一名國民黨黨員，而何濟周則是青年黨黨員，故法院被迫曲解法律而視其為現行犯，在判刑以前即予逮捕羈押，掀出世界上現行犯歪曲解釋之特例。視何濟周為現行犯一事，監察委員包括有正義感、是非感之國民黨籍監察委員在內，一致痛斥其非，認為解釋何濟周為現行犯一事，造成我國司法上之一大恥辱，應受歷史的裁判。曹委員德宣（國民黨籍監察委員）詞嚴義正的說：

談到現行犯問題，我們對何濟周委員的犯法，認為是罪有應得，咎由自取，不予同情，但是他不是現行犯，又是另一個問題。當時本院同仁調查認為不是現行犯，司法委員會就應

該提案糾正，可是司法委員會沒有做到，我覺得這不但在司法界留下一個惡例，在本院同仁也是一個遺憾。（見四十六年度監察院年會檢討紀錄）

陳委員大榕（國民黨籍監察委員）也反對假借現行犯名義。他認為這種曲解法律的做法是不公平的，是喪失司法尊嚴的。

葉委員時修（青年黨籍監察委員）更憤慨的說：

目前的司法成了政治的工具，根本說不上獨立分立。司法捲入政治漩渦，製造不平，製造冤獄，以致怨氣冲天。政治上要對付一個人，便利用司法羅織人罪。此類例子甚多：以何濟周一案來說，就是政治的報復。他如林頂立案，也是有着政治成分在內的。司法聽政治的支配，為政治的附庸。（見同上會議紀錄）

上述這套作法，當然是國民黨在背後操縱指使，否則法官決不「敢」妄作主張，但，是不是把各級法院搬家了，就可矯正其失，就可弊絕風清，就可審判獨立，除非是一個大傻瓜，誰也不會相信的。

再其次，使司法不能獨立，審判不能公平的，就是所謂「司法配合國策」之措置。四十六年度監察院年會檢討時，黃委員寶實（國民黨籍）對此有沉痛之指責。他說：

司法配合國策，這是司法審判不能獨立的一個最大原因。因為有這個口號，許多案子發生出來以後，馬上政治作用參加

進去。本來是一宗普通的司法案件，一變而為「政治性」的案件，譬如過去尹仲容的重大案件，因為看到香港方面共匪出的小冊子，指責台灣文官貪污，所以要法院審判尹仲容無罪，藉以證明文官不貪污。一個案子發生後，馬上有「配合國策」的作用參加進去了。假定國家的司法，隨着政府行政部門的好惡，要司法當局配合，對於我喜歡的人，即使犯罪也不判刑；對於我不喜歡的人，就希望關在牢裏幾年。這還成什麼司法呢！我們要司法獨立，絕對不能用司法配合國策的口號。要知道這個口號是違憲的。如用這種口號，永遠不能使司法獨立。

葉委員時修也指責所謂司法配合國策之不當。他說：這樣做法，法治如何建立得起來？所謂自由民主豈非空談？蓋自由民主之根本精神，端在「大家」守法一事。

以上的例示，為使一般讀者和提議法院改隸者易於了解起見，故在行文上「特別」分開立論，細加剖析。在多年「黨國不分」的體制下面，上述的三個實例是「同位一體」、「流出一源」。蓋在「一黨訓政」、「一黨獨裁」多年積習之下，司法審判之受「黨國」的支配，早已司空見慣，而視為「當然」、「應該」、「合理」之事，無足怪異。而且無時無地無之，黨國掌權諸公，從不以此為「惡」。只就最近鬧到中外資為笑談、舉國騷然之「奉令不上訴」一案言之。國民黨台灣省黨部主任委員任覺五為李國楨說情

曾兩度函請司法行政部長谷鳳翔設法不予上訴（下命令的人，當
然不是任覺五）。谷氏曾將此函遍示有關方面，以求推卸責任，
以冀社會諒解（實際上責任推卸不了。有此函件益證明延憲諒是
真正「奉了命」的，奉了谷鳳翔的命令的），而任氏為何一再竟
敢致函說情，自非局外人可得而知了。惟他敢於為訴訟說情而「公
然寫信」，可見這些國民黨員早已目無司法獨立之事。這都是在
「一黨訓政」、「一黨獨裁」之長期支配之下，早已相沿成習、視
為當然之事了。

　　更有勝於此者。谷鳳翔在「奉命不上訴」案揭發後，曾將此
函報告行政院長陳誠。故陳氏特於去年十二月十日邀請監察委員
及立法委員的國民黨部委員和國民黨中央常務委員吃飯時，曾公
開說明監察委員此次未通過陳大榕委員之彈劾案，是一件極為明
智之舉。他以副總裁之地位（這日邀宴是以國民黨副總裁的身份
【分】），不僅不斥責任覺五氏違法瀆職，反請監察委員從此罷休，
不必再扯了。如再扯下去，就要扯到國民黨身上去了。（這件彈
劾案必定胎死腹中。社會上已經公開談論說：「監察院對於此案
是不了了之」。結果到底如何，請老百姓睜開眼睛看看其演變
吧！），陳氏作此縱容部屬違法瀆職的息事寧「黨」之舉，毫不
覺得黨部干涉司法之不合理。可見國民黨要員，對於黨部干涉司
法，早已視為「當然」之事。由於此一事實，也可看出國民黨人
對於監察權同樣是不尊重的。今日執政的國民黨人士還要硬說他

們是遵守孫中山先生遺教，或是三民主義的信徒，而用三民主義來作政治反攻的武器，其誰信歟？自己不能切實認真推行，還望有人來相信麼？

說到行政干涉司法，就狹義來講，我們似可把它分之為二類：一是主管司法行政部門以外之壓力或請托。這裏面當然不只限於行政院一個院。二是主管司法行政部門之發意。為求司法審判之獨立，要把高院和地院改隸司法院管轄的意圖，只有在第二個場合才能有效。但司法院當局諸公又如何？我們實不敢預下斷言！

總之，國民黨為「黨的利益」、「黨的方便」（當然包括黨部主持人個人之利益和方便在內）、「黨的江山」等等，既大開干涉之門於先，而主管司法行政之輩，為公為私，當可效法於後。「上有好者，下必有甚焉」，不是說得明明白白的了嗎？

＊　　　＊　　　＊　　　＊

第三、把高等法院及地方法院改隸司法院，而各級檢察機關仍屬於行政院，造成審判與檢察分隸兩個系統，其弊害分述如下：

（一）審判與檢察看上去雖是刑事訴訟上的二個階段，其實互相關連，不可視為絕對兩事。一般人鑒於刑事訴訟法規定，檢察官偵查的結果如為不起訴處分，被告即不經法院審判而開釋，遂以為檢察與審判無關，檢察官可以與法院分開，實為極端錯誤的觀念。憲法第八條第二項對於人民因罪嫌而被逮捕拘禁時，嚴

格限定其逮捕拘禁機關「至遲於二十四小時內移送該管法院審問」，而不是說移送偵查。偵查而不羈押，不影響嫌疑犯的身體自由，期間儘管長，不發生違憲問題；如果偵查中認為有羈押的必要，「嚴格」根據憲法規定，即須經過法院的審問。德國的檢察官便無自行羈押嫌疑犯之權，必須聲請法院審問，決定應否羈押。

我國刑事訴訟法施行於憲政以前，其第一〇八條規定：嫌疑犯的羈押，在偵查中不得超過二月，如須延長，應由檢察官聲請所屬法院裁定。易言之，檢察官有權決定二月以下的羈押，已與憲法的明文顯有出入，在大法官會議解釋檢察官非憲法上所稱法官之前，由於法院組織法規定：（一）檢察官對於法院獨立行使其職權；（二）檢察官之任用資格既與推事相同；（三）實任檢察官又與實任推事受有同等之保障，習慣上對於檢察官無不以法官目之，遂不覺其羈押權之不符憲法精神（根據「憲法實施之準備程序」，行憲後應將刑事訴訟法第一〇八條依照憲法第八條之規定予以修改的）。大法官會議的解釋公佈【布】後，社會觀感並未改變。倘審判事務全部劃歸司法院，獨將檢察官留在行政院的系統之下，且又保持其原有的權力，站在憲法的立場，便更扞格不入。

（二）王雲五氏主持的行政改革委員會似乎也看到這一點，所以該會的方案，一方面宣稱檢察官仍為司法官，一面仍將檢察

官配置於各級法院，使他們在司法機關裏面去行使原有的職權。但是行政與司法是兩個各自完整的權力，既不可分裂，亦不可侵犯。司法獨立實際上就是「審判獨立」，不應視爲「司法行政的獨立」，高地兩級法院移歸司法院是割裂了行政權，檢察是司法工作的一部分，保留在行政院是割裂司法權。

該方案擬在行政院仍設司法行政部，內分典獄及人權兩司。人權司掌理人權保障和冤獄賠償。就這兩司職務而言，實不足以當司法行政之名。尤其檢察官既受司法行政部之監督，完全在行政之控制下，仍稱爲司法官，無論在理論上或法律上都說不通。他們是不是因爲大法官會議已經解釋檢察官不是法官，便稱之爲司法官以示區別呢？請問「法官」與「司法官」的界說怎樣定法？這個「司法官」由行政方面配置在法院裏，是否可以構成法院的一部分？是否可以行使憲法賦予法院——祇賦予法院的權力？警察，無疑的是行政人員。警察逮捕了犯罪的嫌疑人在二十四小時內移送法院，却又由行政系統下的檢察官來接受，而繼續拘禁，這樣，你們便認爲符合了憲法的要求麼？老實說，祇有將司法獨立解釋爲「審判獨立」，不包括司法行政事務，而將「審」「檢」兩方全體作爲構成法院的成員，才能做到真正的司法獨立，才能符合憲法的規定。像行政改革委員會的方案，過於遷就現在環境，用心雖苦，是不能達到他們所企望的目的的。

（三）上文特別提出要「司法獨立，應將『審』『檢』兩方全

體作為構成法院的成員，才能做到真正的司法獨立，才能符合憲法的規定」，茲再補充說明其意義如下：

「審判獨立」的真實意義，要包括檢察這一部份【分】的工作在內，絕對不能僅僅指為推事的「判案」而言。須知檢察官偵查案件，決定起訴或不起訴，上訴或不上訴，要全憑證據、認定證據的經驗法則、條理、法律和個人的良心而論斷，也是一種審判的工作，不能受到一絲一毫監督長官、尤其司法行政長官之指使。換一句話說，檢察官對於偵查案件後之行動，不能有一點點「奉命」之事。這樣才可以做到真正的「司法獨立」。現行法院組織法第三十一條規定：「檢察官服從監督長官之命令。」這只限於內部行政及同法第三十二條「檢察長及首席檢察官得親自處理所屬檢察官之事務，並得將所屬檢察官之事務移轉於所屬其他檢察官處理之。」所定的範圍，不能擴大解釋為有權指揮所屬檢察官辦案子，即起訴、不起訴、或上訴、不上訴之事。其詳細理由請參看本刊第二十卷第二期社論（二）〈「奉命不上訴」案為何「不予起訴」？〉如果僅僅做到推事判案的獨立，而於檢察部分又有「奉令不上訴」之事，這樣的司法算不上是獨立的。此次提議改隸之人，實在忽略了這一點。

（四）民國十五年以前，在北京政府之下，審檢本屬分立，一稱審判廳，一稱檢察廳。那還是所謂三權憲法時代，審檢同受司法部監督，却因各立門戶，彼此對立。當時立法機關雖然受盡

壓迫，議員也多不知自愛，但是司法確保持相當的獨立。國民政府成立以後，審檢歸併，改稱法院。各級法院配置檢察官，除最高法院設檢察署，於所置檢察官中以一人爲檢察長外，其他法院，檢察無組織，但以一人爲「首席」檢察官。首席也者，顧名思義，並非長官。但是司法行政部却准許他們自稱某某法院檢察處，並制定各級法院處務規程，使「首席」做起檢察官的上司來，相沿成習，忘其違反立法的原意。法院預算本是整個的，而爲首席檢察官者，無不與院長爭。部裏爲了便於指揮檢察官，不無偏袒，「院方」便不得不劃出一部分經費聽任「檢方」支配。三十年來，審檢名雖歸併，實際上各謀方便，多所磨擦。至於最高法院與檢察署之不協調，稍知內情者更是談起來無不蹙額。現在的計劃，形式上審檢不再分設機關，却硬生生的在移歸司法院的法院裏配置幾個屬於行政系統的檢察官，請大家平心靜氣的想一下，將來會變成什麼樣的一個局面！

（五）民國十七年底國民政府成立五院之初，全部司法職務，包括審判與行政都劃歸司法院。司法院不甘寂寞，覺得轄下沒有一個部不够味兒，將原屬國民政府的司法部，加上「行政」二個字，改稱「司法行政部」。於是審判有法院，行政有部，司法院無事可做，虛耗公帑之餘，便從解釋法令入手，開始其對於審判的「干涉」。法令的解釋，是裁判權的作用。美國各級法院都有解釋憲法及其他法令之權，但非定於憲法，而是本於裁判權的作

用自然取得的（註[1]）。北京政府由大理院（即最高法院）統一解釋法令（註[2]），國民政府起初亦由最高法院行使此權。

司法院成立之後，便將這統一解釋權奪取過來。實際解釋還是最高法院的庭長們作的，但須經由司法院審核公布。這一審核，裏面便大有文章可做。君不見四十三年出版的《司法院解釋彙編》（第二冊第一三四頁）有一則民國二十一年六月七日院字第七五四號解釋說：

> 已嫁女子死亡時，依法尚無繼承財產權，則繼承開始時之法律雖許女子有繼承權，而已死亡之女子究無從享受此權利，其直系卑親屬自不得主張代位繼承。

但同冊第一八八頁又有一則民國二十三年四月二日院字第一〇五一號解釋說：

---

[1] 在草擬法律的時候，國會可以把立法的大意很精確的表達出來，但是等到實際上把每條法規施行到某一種情況時，常常會發生法理不明的困難。因此，當一條法律付諸執行時，該條法律即需要解釋才成。按照普通的習慣，總是把一件案件提到聯邦法院，情形好似一件「試訟」（所謂試訟，即同一法院中有同類諸案件時，約定將其中一件付諸審判，依其判決,而決定其他案件），聯邦法院主席推事的判決，不僅是解決了該一案件，同時更發生了解釋有關法律的作用。在這種情形之下，推事在無形中又盡了政府司法部門一個極重要性的任務：即係「將法律加以解釋說明。」參看迦特琳·瑟克勒赫得遜Catheryn Seckler-Hudson所著《我們的憲法與政府》（*Our Constitution and Government*）一書。此書由美國司法部免費分贈美國全境各公立學校作為教材。

[2] 前清宣統元年十二月二十八日奏准和民國四年五月重刊之「法院編制法」第三十五條：「大理院長有統一解釋法令必應處置之權，但不得指揮審判官所掌理各案件之審判。」

凡繼承開始在民法繼承編施行後，如民法第一千一百三十八條所定第一順序繼承人有於繼承開始前死亡者，不問其死亡在於何時，其直系血親卑親屬，均得依同法第一千一百四十條代位繼承其應繼分。

民法繼承編是十九年十二月二十六日公布，二十年五月五日施行的。對於同一法條，同一司法院何以在不足二年之內，有些「絕對相反」的解釋？在前一解釋公布前，上海正有一個很大的遺產案，男女雙方鬥爭劇烈，男方佔【占】有財產實力雄厚，女方在法律上却站得住脚。解釋未出，先有風聲，女方不信國民黨宣傳多年，執政後又已訂入法典的「兩性平等」的原則會被推翻。但是事實告訴她們，她們的信仰是錯了。男方所聘訴訟代理人及幕後的顧問，聽說「一共」支出代價五十萬兩白銀。這是盡人皆知的事情，尤其法曹界這一方面。不過國民黨及其政府，過去一直對於貪污事件是「容忍」的，是不願「追究」的，是怕「家醜外揚」的。國民黨執政三十年，對於國家和人民，為功為罪，後世自有定論，惟就司法制度和司法獨立這兩件事情來說，國民黨確是貽禍匪淺，為國家之罪人。國民黨之失去大陸人心，多年來黨部干涉司法和司法審判之不公平，造成許多冤獄，當為其最大原因之一。審判公平與人心向背，關係甚大，我們再不可貽誤因循。幾千年來，人民對於政府的希望；只有二事，一是審判公平；平反冤獄；一是捐稅不苛不擾。故過去為官者，對於「刑名師爺」

與「錢穀師爺」，都是慎重人選，以免喪失人心。

像上面那樣強詞奪理違背繼承法原則的解釋，究竟不能長久維持下去。所以它的「效用發生以後」，經過一個時期便又變更了。制憲國民大會推翻政協憲草的結果（註[3]），於司法院置大法官，專司法令解釋，便是因循訓政時期的惡例。在抗戰之前，司法行政部曾一席改隸行政院，旋又再歸還司法院，抗戰末期又搬到行政院，以迄於今日。每一改嫁，高地兩級法院便成了粧奩，不！不！應該說像「拖油瓶」，拖來拖去，「越拖越不獨立」。行政改革委員會誤解司法獨立的真義和無視歷史的教訓，「強裂審檢」，使分隸兩個系統，行見審判未能獨立，檢察益受干涉。

＊　　　＊　　　＊　　　＊

第四、如果把司法行政部連同各級檢察機構全部由行政院搬到司法院，其弊害有如下者：

（一）審檢一併改隸，乃是恢復曾經數度實行的舊制，那便連司法行政部的全部職掌，都移歸司法院，這正是司法院當局所求之不得的。這個辦法的基本錯誤，在於割裂行政權的完整，其

3　政協憲法草案第八四條：「司法院設院長一人，大法官若干人，由總統提名，經監察院同意任命之。」原意所司法院之推事均為大法官，在制憲國民大會討論時，被江代表一平提議在大法官若干人下面加入「掌理本憲法第七十八條規定事項」字樣，大會代表未深加研究，遽即決定，致有今日之錯誤。試問憑空解釋，如何可下？天下那有專設若干大法官專門解釋憲法或法令之事？此胡適之先生所以反對一千多人的制憲會議的由來也。

埋由前面已經說過了。有人主張，改隸後，司法院不必再設立一個司法行政部，這是簡化機構的問題，不影響行政權之被割裂，亦不影響司法院之直接的或間接的干涉審判。現在司法院的性質，因為行政院有一個司法行政部，大家還有點弄不清楚，一旦改隸，司法院便更明顯的成為一個行政機關，架在法院的頭上，縱無黨的干涉，也說不上什麼司法獨立。

（二）司法機關之調查犯罪，逮捕人犯，不能不假手警察，甚或軍隊。即以民事而言，其執行亦有時不免需要警察之協助。所以刑事訴訟法規定憲兵及警察為「司法警察」，須受法院指揮。現高地兩級法院不隸司法院，最高法院之檢察署亦不隸司法院，檢察官對於憲警，尚且未能依法充分指揮；曾由前國民政府制定調度司法警察例，行政院制定檢察官與司法警察機關執行職務聯繫辦法，公佈【布】施行，而仍不能運用裕如。法院連同檢察官全部移隸司法院後，行政系統下的司法警察機關豈不更不受指揮？高地兩級法院隸屬於行政院，由行政院劃分軍事機關與司法機關審判案件的範圍後，軍事機關還利用什麼「取締流氓辦法」，不時侵犯司法機關的職權，審檢一同移隸後，那個「台灣戒嚴時期軍法機關自行審判及交法院審判案件劃分辦法」，必遭破壞，使其名存實亡，那還有什麼司法獨立之可言？

司法行政部即和檢察機關一併移隸司法院之說，在今日固是假定的，可是人言嘖嘖，而且有前車可鑑，故預作說明如上。

　　　　　＊　　　＊　　　＊　　　＊

　　根據上文的明細分析和不厭求詳的闡釋，我的結論應該十分明白了。我們的司法制度早已被「五院制度」這一口號攪得昏天黑地，因此不能不多費一點篇幅，對於司法獨立的意義詳爲說明。爲的是一國之司法不能獨立，必致冤獄重重，人民怨氣冲天，不僅政治不能上軌道，還要失去人心，天下大亂的。對於這個問題，我相信能够了解的人一定不少，但誰也不肯說出來，怕的是觸犯一知半解的黨八股先生們。其實孫中山先生倡導的是「五權」憲法，決不是「五院」憲法，在他的五權憲法講演裏，他不是明明白白的說：「五權憲法的立法人員就是國會議員，行政首領就是大總統（筆者註：請大家不要誤會，以爲這樣便非行總統制不可，在責任內閣制下的行政首領還是總統。英王非但是英國名義上的行政首領，英國的海空軍且冠以皇家字樣，可沒有人認爲他們是王室的私產，或不受內閣的節制），司法人員就是裁判官，其餘行使彈劾權的有監察官，行使考試權的有考試官」嗎？其後提示的司法院，也是爲了保持「司法權獨立」的目的，所指實係行使審判權的司法機關，毫無必須「兼管」司法行政之含義。後來主其事者，天天想擴充自己的權力，凡是和司法沾上一點邊的東西都要一齊搬過來，以遂其機關多職員眾之統治慾。結果把行政割裂了，把司法獨立也隨之而毀掉了。

　　當年政協憲法草案，在司法院這一章「章名」，擬用「司法

權」或「司法」字樣，而未採用司法院，可是制憲國民大會一部分國民黨籍代表又怕孫先生之五院制度被黨外人士推翻，故極力主張成司法院，致造成今日觀念混淆的結果。其實，五院各章「章名」，如果他們主張一律將「院」字去掉，或改爲「權」字，那才更合於五權憲法的精神，更忠於孫中山先生的主義。

爲使讀者易於明瞭起見，我再綜合歸納上文的說明，提出結論於左：

一、我們要做到真正的司法獨立，必須澈底實行憲法第八十條。爲求嚴厲實行憲法第八十條起見，我們應該矯枉過正，所有推事、檢察官一律不准入黨，凡已入黨者，不論屬於國、靑、民那一黨，限期脫離。這樣，像前年台北地方法院院長趙執中競選國民黨第八次全國代表大會代表之事可以絕跡，務使法官今後再不捲入政治漩渦。須知你今日要求人家投票選你，人家異日也可要求你徇情枉法。到那時，你有什麼辦法板起面孔，拒絕人家。

二、撤銷最高法院與行政法院，實行民國三十六年公布之司法院組織法，由司法院本身設立民事庭、刑事庭、司法裁判庭，及公務員懲戒委員會，使司法院本身變爲司法機關，以符合憲法第七十七條之規定。

三、監督司法最好的方法是上訴制度，由上級法院以裁判的方式糾正下級法院的錯誤。各級法院互無隸屬關係，上無監督機關，才能免於外來干涉，獨立行使職權。專制時代，司法不獨立，

但重視人命，死刑須待刑部核准，然後執行。現制因襲舊章，死刑亦由檢察官報經司法行政最高官署令准（刑事訴訟法第四百六十四條，第四百六十五條）。但現在的所謂司法行政最高官署為行政院之司法行政部，於是最高法院所為死刑之判決還須經司法行政部令准，實在太不合理。刑事訴訟法上這兩條應即刪去，另定一條，略為「諭知死刑之判決確定後，司法院之檢察長（當然，最高法院裁撤後，司法院內還是應該有檢察署的）不於三個月內提起非常上訴者，執行之。」刑事判決，如在確定後發現其審判違背法令，除由檢察長提起非常上訴外，別無合法的救濟方法。三個月的時間，也足夠檢察署研究死刑判決之有無違背法令了。其他凡屬刑事訴訟法上須經司法行政最高官署令行之事，一律改歸檢察署辦理。

　　四、行政權應保持完整。所有「司法行政」，包括司法院在內，統歸行政院司法行政部掌理，不得割裂。司法行政部可改名為「法務部」。基於同一理由，考試院只掌考選銓敘，不兼理考試行政，在行政院下面設一「試務部」，辦理考銓行政。（我想過去如果採用這個制度，不割裂行政權而各自為政，考試及格人員，行政院一定可以多用幾個。）其下均不應有部（部惟行政院有之，審計亦不應稱部），庶幾可以做到真正的司法獨立與考試獨立。司法與考試兩種官吏之任免，本屬行政權，祇須其資格、程序及保障見諸法律，不慮行政之任意去取。觀於大法官及考試

委員由總統提名經監察院同意後，其任命仍由總統名義及行政院長副署行之便可知。因而總統提名，亦須行政院長副署，否則即屬違憲。蓋總統對外行文，無論用何種方式，一律須經副署也。

五、為免行政院主管司法行政人員對法官之升遷調動，暗中可以上下其手，各級法院設一「人事銓衡委員會」，各級法院之人事升調，由各級法院人事銓衡委員會決定後，報請法務部照辦。今改革方案將法官人事調遷之權由行政院之司法行政部移到司法院，換湯不換藥，能夠治得了什麼病？即過去聽命於司法行政部長官者一變而為聽命於司法院長官了，半斤八兩，一點不差。

六、用數字規定法院推事檢察官每月一定要結案多少件，這是最不合理的事情。推事檢察官辦一件案子，決不能與鐵工廠工人做一個螺絲釘相比。鐵工廠工人可規定每日至少要做多少螺絲釘，推事和檢察官的辦案，決不能有此硬性規定。故監察院總檢討會議第三十條檢討意見是合情合理，司法行政部此項結案限數規定，亟應廢除，以免辦案草率。因之，須從速增設法院，增加推檢員額。

七、法官和檢察官本身必須健全，自己要能夠站得起來，無論審判、檢察，對於環境和壓力，要有「富貴不能淫，威武不能屈」的精神，則真正司法之獨立，才有達成之希望。一個國家要養成這樣健全的法官和檢察官，必須在學校教育的期間，養成學生有「自尊」、「自愛」、「自律」、和「自重」之精神，故「黨化

教育」必須立即取消,「青年救國團」必須立予撤銷。否則,憲法第八十條不過等於白紙寫上黑字罷了。

八、最後亦為最重要的,就是提高司法人員之待遇,俾足仰事俯蓄之資。必須推檢能够廉潔,而後司法審判才可望其真正獨立。如僅去掉外來之干涉,而內部貪污徇情不刷除,則一切設計,一切辦法,均會完全落空的。

——《自由中國》,第20卷第3期,1959年2月1日。

三、人權的侵害與保障

政府不可誘民入罪

社　論[*]

　　在現行的金融管制法令下，有三大名目的金融罪：（一）買賣金鈔，（二）套滙，（三）地下錢莊。這三項罪行，一經破獲，都可能援用「妨害國家總動員懲罰暫行條例」，由有軍法審判權之機關審判。金融罪的嚴重性，在今日的台灣似乎僅次於匪諜罪。「治亂世用重典」，這種主張可否適用於現代化的法治時代，本文不擬申論，即假定治亂世有用重典之必要，我們也得知道：「殺以止殺」，「刑期無刑」。政府以法令宣佈【布】某種行爲是犯罪行爲，從而對於這種犯罪行爲加以懲處，爲的是警戒這種罪行之發生。如果在明示的嚴刑峻法之下，某種罪行已經有所警戒了，而政府中人反用種種串套欺詐，誘人入罪，再來逮捕懲罰，這樣的作法，無論其所持的理由是甚麼，究不是一個正正堂堂的政府所應該容許的。但是，今日的台灣，在金融管制的法令下，居然就有這種誘人入罪的花樣耍出！

　　誘人入罪的花樣，起先，我們所聽到的，只是在馬路上做出來的買賣金鈔的「罪行」。這種場合下被誘入罪的人，其罪不算

---

[*]　編註：本文由夏道平主筆。

大，被沒收的台幣或美鈔，其數量也不可能很多，他們決不够格被稱爲金融市場的投機者；同時我們對於這班誘人入罪的人，均視爲不肖的公職人員，利用其身份【分】作惡而已，從未想到會有甚麼其他的背景或內幕。後來，傳聞的事件多起來了：某甲被誘，犯了套滙罪；某乙被誘，犯了地下錢莊罪；某丙因與某甲或某乙偶然在一塊碰頭而被累入獄了……於是我們也就漸漸感覺到這種事態的嚴重，也就漸漸意識到這種花樣或不免有複雜的背景或內幕，而不是幾個外勤人員的個人罪惡而已。果然！到了最近，一件有計劃而大規模的誘人入罪的金融案，已很具體地傳遍台北了。案情是這樣：本年三月間有人在土地銀行開立一個戶頭，土地銀行給這個戶頭開發本票（本票通常都是見票即付的，但土地銀行開給這個戶頭的本票，都是期票），於是這個戶頭就利用這種本票作抵押，到處以高利率向人借款，等到借貸成交的時候，經保安司令部一併破獲。案件是五起，人犯達二十餘名，全部案款台幣一百一十萬元，抵押品都是土地銀行的本票。這五件案子，經於五月一日由保安司令部軍事檢察官提起了公訴。

　　以上是這回事的表面經過和大略，如欲一究其內幕，我們覺得可從下面幾點下手：第一、在土地銀行開立戶頭的是甚麼人？就該行給這個戶頭開出的本票總額推算，則這個戶頭的存款額至少應該不得少於一百七十萬元；可是一個普通人怎麼會有一百多萬元的鉅款擺在銀行內？如果說該戶可以透支，透支的限額是多

少？大量的透支即是信用放款，信用放款是須要擔保的；是誰擔保？是那個公司行號擔保？或者是甚麼物品擔保？而且在現行的金融管制辦法下，銀行信用放款已嚴格地被控制住，不是銀行本身所可隨意做的。第二，目前銀行存款利率，最高的月息不過四五分。但這五件借貸案中，最高的月息達到二角六分，最低的也有一角二分。我們試想想，把一百多萬元的鉅款存在銀行內每月不過生息四五分（姑假定其為最高月息），同時以存款換得的銀行本票向別人抵押借款，而承擔高到好幾倍的月息，天下那有這樣的大傻瓜做出這樣的大傻事？第三，保安司令部軍事檢察官提出的起訴書，敘述到「犯罪事實」時，無一處提及借款人的姓名。借貸是兩方面的行為，有貸者必有借者，在取締高利貸的法規下，借者或不必構成罪犯，不在起訴對象之列，但在敘述借貸行為之發生和經過時，完全不提及借款人的姓名，似不免有故意掩避之嫌。

由於以上幾個疑竇，自然會引起大家對於內幕的推究；推究的結論，是政府誘人入罪，至少是政府中某機關辦事人員誘人入罪。他們為甚麼要這樣幹？一個最「膚淺」的解答就是：依照金融案件提付獎金的辦法，告密人的獎金是全部案款的百分之三十，承辦單位的獎金是百分之三十五，如果一個案件的兩項獎金，可由一個機關得到，則是全部案款的百分之六十五，這樣的暴「利」而又不要本錢的生意，恐怕為民間任何投機生意所不及

吧！

　　或者說，提付獎金，是承辦這類案件的依法報酬，不是製造這類案件的動機，我們不可一味以壞意度人。主張製造這類案件的人是有相當理由的：他們以為，擾亂金融的罪行，是很難破案的；要破案非自己打進圈內不可；要打進圈內去，就要偽裝、串套、和一切便利的手段；目的是對的，手段儘可不擇。這種說法，似乎言之成理，其實是不通的。第一，我們姑承認製造這類案件的動機不是為的獎金，而是為的懲處投機份子，也就是說我們姑承認目的是對的，但我們決不苟同「不擇手段」的作風。天下事常因不擇手段致引出更惡劣的後果來，比起不達目的還要壞。第二，我們姑承認打進圈內去是偵察和破獲某種案情的必要技術，但也得有個前提，即在客觀方面先有這個案情存在，偵緝的人只是偽裝參加其罪行，而不是以騙術誘人犯罪。以騙術誘人犯罪，其本身已構成犯罪行為。

　　我們對於這件事，固不必為被害人喊冤，被害人這一次雖屬被誘犯罪，但他們當中總有少數人曾經擾亂過金融市場的；其餘的人也未免利令智昏，有點咎由自取之處。但我們不得不認為嚴重的，就是「以信立民」的政治原則，到今天，政府中人還有未能嚴格遵守者，相反地，他們竟利用其權勢鬧出以詐使民的花樣來！這種事體的影響，其惡劣和深遠，遠非民間少數投機者擾亂金融所可比擬。現在，這件事已鬧得無可掩飾了，我們為着愛護

政府，爲着政府今後的威信，特在這裡呼籲政府有關當局勇於檢討，勇於認過，勇於把這件事的真象明白公告出來，並給這次案件的設計者以嚴重的行政處分，這樣才可以表示這次誘人入罪的案件，只是某些不肖官吏做出的，而不是政府的策略。同時我們還要向中央的及省級的監察機關呼籲，請他們徹底調查這次事件的詳細內幕和責任，並督促政府適當處理。「自古皆有死，民無信不立」，爲政者，監政者，以及我們論政者，都應該時時刻刻牢記斯言。

——《自由中國》，第4卷第11期，1951年6月1日。

倪路案亟待澄清

　　上月六日，台北市有兩位新聞記者，一位是《公論報》的總主筆倪師壇君，另一位是《新生報》的編輯路世坤君，突遭治安機關逮捕。第二天《公論報》沒有社論，却刊載了一則「緊急啓事」，雖未明言倪君之被捕，但是項消息，已經不脛而走，引起了各方面的密切注意，而對倪君的命運，尤爲關注。逮捕新聞記者是一件大事。特別是，《公論報》爲自由中國的一張具有歷史性與權威性的民營報紙，經常在社論中批評政府，而倪君又爲該報主持筆政達十年之久，這些關係，更引起人們多方面的聯想。這事件，表面上似乎台北各報都對之反應沉寂，除了《公論報》由李萬居社長著名發表的〈敬向讀者致歉〉那篇文章裏透露一些輕微抗議之外，其他各報紙祇是照登了一個官方通訊社所發布的簡單消息，以及國防部軍事發言人有關此案的一段聲明以外，絕無片言評論。但這並不表示此事的不被重視，反應之所以沉寂的原因是非常明白：倪路案現被政府宣布爲「匪諜嫌疑」，此罪名非同小可，誰還敢輕易插嘴以致遭惹麻煩。但表面的沉寂，並不等於大家都已接受了政府的聲明，相信了政府所宣布的罪嫌。

　　於此，我們可引《公論報》李萬居社長的話爲證，李君對倪

君之為人,曾這樣描寫:「他執筆立論,力求超然、客觀、公允,不願雜以絲毫偏激的情感,或以輕率態度出之,評論事物都是出於善意,總希望本社的意見能為人所接納;他的思想如何,十二年來有目共覩,毋庸本人多所辭費。他是個內向型的讀書人,平時不作任何活動,亦不喜歡應酬。三十八年正當共匪渡江,中原板蕩之際他倉惶返閩,把家眷全部遷台。就這點看來,他可算是個忠貞人士的領先者,其忠於中華民國,應為無可置疑的事。」當然,李君與倪君共事多年,可能有所偏愛。但是我們所遇到倪君交友,也都不相信他會有充當匪諜的可能。至於路君,則聞曾有反共著作出版,在政府所辦報紙服務多年,同樣的甚少可疑之處。所以,不管政府怎樣宣布,一般人在內心總還是不免要想到對政府不利的方面去。

　　倪路案之發生,不僅在國內釀造普遍的不安,同時還引起了國際友人與海外僑胞對人權保障的憂慮。此案經過,外國通訊社電訊的報導,比我官方所發表的消息更為詳細,可見其並不視若等閒;自由中國為反共國家,嚴懲匪諜,事屬平常,如果外國記者並無其他疑慮,決不會如此重視。香港的《工商日報》於上月十二日以〈有待整飭的台灣法治〉為題,論及此事,如果此社論的執筆者確信倪路二君為匪諜或僅僅認為二君有涉嫌之可能,他就決不會選擇這樣一個題目。這篇社論,還提到了前《南京救國日報》主持人龔德柏君的事件,並且還這樣說:「我們實不忍見

台灣報人，仍有動輒得咎，而毫無保障的事實，因為這種現象，對政府的法治精神，實為莫大的諷刺。」如此，文中雖尚未斷言倪路之被指為匪諜嫌疑，完全冤枉，而事實上等於已經對政府的透露消息不予置信。甚至，在政府軍事發言人就此案發表聲明以後（四十六年十一月十五日在新聞局記者招待會中發表，十六日見台港各報），也並不能息「攸攸之口」，香港的《新聞天地》第五一〇期（四十六年十一月二十三日出版），仍然懷疑倪君是由於文字得禍，所謂匪諜嫌疑云云，祇是一有意的羅織。該刊說：「如果不幸這案子又如外間傳言，是出於文字之禍，那末民主也者，值得檢討的地方就太多太多。長此以往，今後新聞記者的安全問題倒還在其次，今後國家是否需要輿論，倒是值得我們當局再思三復了」。同月二十七日香港《自由人》三日刊也有一篇專論，亦以〈台灣拘押記者案平議〉為題，指出蔣總統在今年雙十節所宣布之六項目標與三項保證，以及執政黨八全大會所揭櫫的政綱政策，要政府在實踐上能取信於人，「否則將給人們以『前面賣生薑，後面喊不辣』的印象。」其結論則「迫切地希望政府對於拘捕倪路案，作迅速而公開的處理，昭大信於內外」。可見儘管當局搬出法律條文來辯解，事實上卻並未收到澄清視聽之效。當然，整個自由中國，以至整個自由世界，沒有人願意袒護匪諜。但問題是：絕對大多數的人，都不相信倪路兩君是匪諜，而懷疑當局別有動機。

　　倪路二君之「涉嫌」詳細情形，至今未見治安機關發表。政府軍事發言人曾在新聞局記者招待會中曾聲明三點：（一）治安機關因本案所拘的對象是匪諜分子，其違法被檢肅，乃倪路兩人個人行為，與彼等所服務的報社及其「職業無關。」（二）「本案是根據戡亂時期檢肅匪諜條例第六條辦理的。」（三）「本案現正由治安機關偵查中，依刑事訴訟法第二百廿四條偵查不公開的規定，目前尚未到全案公佈【布】的時候。」這一着聲明，似乎可以叫人口頭無話可說，而且也叫人更不敢多說。但政府應該瞭解，重要的是要大家內心折服，而不祇是口頭無言。沉寂常常是一種更為堅決而有力的抗議。所以，倪路案的「偵查」期間愈是延長，對政府是愈加不利。倘若拖延到一年半載以後，再來公布偵查結果，縱然說得「證據確鑿」，人家還是不會相信的。為政府計，還不如把本案迅速訊結。如無甚嫌疑，應即將倪路兩君釋放。如果仍是這樣交待不清，拖泥帶水的下去，倪路兩君固屬不幸，但真正受到損失的，還是政府。我們的一個最後忠告是：喪失人心易，收拾人心難。一千句漂亮而動聽的話，抵不過一個叫人懷疑的行動。願政府好自為之。

　　——《自由中國》，第17卷第11期，1957年12月1日。

安全室是幹什麼的？

立法委員張九如氏於三月十一日向行政院院長提出的「敬問治道」質詢，甚爲各方重視，其中特別引起大家注意的，是關於「安全室」的那一段話：

> 已往政情之否塞，衆志之散亂，殊難為諱。今又於維持治安之正常設置外，復於各機關遍設安全室達七百五十五單位之多，尚擬增設者二百八十九單位，置各機關熟習業務人情之全體職員不之信，而惟寄安全重任於三數新進人員之肩，逼使其憑捕風捉影、向壁虛造之報告以塞責，將至人人疑之，事事防之，以為邀功之地。疑之深，則人無奮志，防之密，則人有遁心。一室之內，即有千里之隔，肝膽之間，亦成吳越之勢，各以計智相禦，無復同寅協恭。倘遇少數好事之徒媒孽其間，則既開証搆傾軋之端，更授匪共挑撥離間之譏，求通而反至不通，本和而漸至不和，豈不可憂。

這些都是許多人所想說而不敢說的話。現在由張氏痛快說了出來，當然會引起萬千公教人員內心的同感。對安全人員之所作所爲，大家早就痛心疾首，却自始祇好在二三知好之間，透露其不滿的情緒，甚至在張氏提出公開質詢以後，仍甚少有人作公開的

響應。即此一端，就可以看到我們這個國家已為怎樣一種氣氛所籠罩。

　　政府之所以要在各機關遍設安全室，其唯一拿得出來的理由，當然是在於防止匪諜分子之潛伏。照我國目前這樣的處境，加強安全措施，無人可以反對。但是政府所採取的方法，大可懷疑，以致其真正動機之所在，亦使人感覺不易測度。我們不知道今天各機關之內，是否其真如政府當局所恐懼的那樣，到處都有匪諜分子潛伏。我們雖無法獲得此項必要的資料，但有一點事實我們是可以看到的；即在最近三五年來，無論是正規的治安機關也好，或是非正規的治安人員也好，都沒有破獲什麼真實而重大的匪諜案件，有之祇是拿二三十年前的舊帳來充數，明明是早經反正的，都硬派他是潛伏匪諜，如此而已。對於這個未有重大破獲的事實，我們只可能作兩種解釋：

　　（一）潛伏匪諜事實上已在早先幾年破獲殆盡，所以近年來就無所破獲。

　　（二）匪諜依然到處潛伏，而安全人員却沒有在那裏認真工作，以致始終破獲不了。

　　如果解釋（一）可以成立，則目前根本沒有在各機關遍設安全室的必要。如果解釋（二）可以成立，則更正好證明現在所設立的那些安全室是無用的，要加強防諜，必需另想辦法。所以無論採用那一種解釋，我們都無法避免安全室可廢的結論。

　　這是從正面說明今日的安全室，實無所貢獻於國家的安全。至其附帶生出的惡劣影響，則張九如氏已在「敬問治道」的質詢中描寫得淋漓盡致，也無待我們再加補充。簡單說，它們在製造不滿與猜疑的一點上，卻確實已經大有成就。

　　我們決不反對正常而健全的安全措施。我們也完全知道，即連最進步最開明的民主國家，也設有秘密的安全機構與秘密的安全人員，經常的在那裏從事偵查工作。但並沒有人把這些國家稱爲警察國家，也沒有人把這些國家的政治稱爲特務政治。但何以我們却要把共產統治稱爲警察統治或特務政治呢？這裏面應該有一個顯著的分別。在我們看來，這其間的分別是簡單明瞭的。

　　民主國家的安全措施，不會使人民認爲「免於恐懼的自由」已受威脅。儘管安全人員在暗中把每一個人都認爲被偵查的對象，但守法的人民，均無所恐懼。這是因爲，安全人員並不具有任何執行的權力，縱令偵查到危害國家的確實證據，也必須經由完全合法的程序，才能有所行動。他們決不會把一兩句批評政府的話拿來打小報告，作成紀錄，視之爲嫌疑犯；他們也決不會對人民的基本自由予以干涉，使人感覺到一切活動都處處受到注意。簡單說，在民主國家，安全措施祇是司法之輔助，而不是能够代替司法。特務政治就不是如此。在特務政治之下，是安全權力凌駕了司法，安全人員用不到搜尋證據，也用不到講什麼法律手續，祇是捕風捉影，就可以行動，甚至爲了私人的爭權奪利，

也可以假借名義，陷搆良民。在特務政治之下，人可以無緣無故的失蹤，即使不致嚴重到失蹤的程度，至少行動的自由也到處受到干擾和妨碍，即使有形式上的法律保障，亦形同虛設。所以，極權國家與民主國家，雖均有安全措施，但它們的安全措施，却有本質上的區別，並非祇有程度上的差異。

我國今天那些安全人員的作風，究竟應該算是屬於那種類型？據我們所聽到的情形來看，至低限度，安全人員的權力，已經漸漸凌駕司法，我們不願把我們所確知的事實全部在這裏發表，因爲我們不得不顧到提供資料的那些人的「安全」。我們於此，祇擬舉出一件最不重要的事，以槪其餘。

我們最近曾接到台中縣梧棲「台中港工程處福利分會學術部」的一封來信，信上是這樣寫着：

敬啟者：第六期妥收，我正擬付欵，這一期（編者按：指第十八卷第七期）可巧由收發兼安全管理員收到，遂將上面命令不許訂此刊物文件交我看，我吵亦無用……。尚盼貴刊再努力，大力爭取自由，此處以後勿再寄了。此期已退，……

在我們的國家裏，這的確是一件小事。但如果發生在別的國家，這是一件大事。本刊是向政府登記有案依法發行的，而一個安全室人員却可以把我們依法享有的權利剝奪，也可以把人民閱讀的自由剝奪，這是一個妨碍基本自由的違法行動；如果這行動是根據命令，這命令本身也是違法。我們始終沒有看見過一條公

務人員不得訂閱本刊的法律，這一件小事，即說明安全權力業已凌駕了司法。我們要在這裏提出警告：這一條界線是不容許超過的，因爲這是法治與非法治的界線，一旦超過，可能的發展會不堪設想。而事實是，在許多地方都已經超過了。

相信讀者會向我們提出責難說：你們所舉的，祇是九牛之一毛而已，何以竟是明察秋毫而不見輿薪。不錯，即以妨碍出版自由來說，扣留一二期刊物在今天已是算不得一回事。早在幾年以前，國民黨的軍隊特種黨部，透過政工單位，嚴禁閱讀《自由人》、《民主潮》及本刊等，後來甚至《聯合報》亦在取締之列。此外，如海外反共刊物之不准進口，准予進口而時予扣留，省內刊物之整批違法沒收，更是數見不鮮。但我祇擬說到這「一毛」爲止，以促使政府當局之反省。這些對反共防諜甚少幫助而徒然招來不滿情緒的安全措施，究竟爲什麼而存在？

　　　　——《自由中國》，第18卷第9期，1958年5月1日。

請政府切實保障人權！

王建邦[*]

「世界人權宣言」由聯合國在一九四八年十二月十日通過公布以來，到現在，即將是整整十年。但人權的原則雖因此而獲得了澈底的闡揚，却由於共產極權所造成的廣大災難，使人類的這一代以至下一代，在人權方面仍受到嚴重的威脅。

今天，共產極權之所以成為全人類的公敵，主要的便在其從根本上否定了人權的原則。中共政權之所以也成為人類的生死大敵，就是因其不承認人權。

在我們自由中國來說，非但憲法早已確定了人權原則，而且政府更口口聲聲要保障人權，但就在三個月以前，我們却從報紙上看到一個事關人權的糾正案。這是監察院司法委員會以司法警察官署，對於人民之傳喚、逮捕、拘禁、審問尚多未依法定程序辦理，而提出糾正的。監察院在這項糾正案中指明：「現台灣省司法警察機關對於犯罪嫌疑人之逮捕，既未切實依照法定程序，逮捕後又不於規定時間內移送法院審問，竟藉口聯繫辦法以聲請延長羈押為規避非法拘禁之依據。就司法警察機關言，實係侵越

---

[*] 編註：傅正筆名。

檢察官職權，就法院方面言，非違法授權即放棄職責，於法均有未合，而警察機關用通知單飭關係人到案訊問，訊問後又飭交保候傳，尤顯屬違法。」

由監察院的這一糾正案，固已可以證明人權並未受到充分的保障，但就此案所根據的資料而言，案件還只限於台北、台南、高雄等地方法院的七十九件提審案，時間又只限於四十五年一月到四十六年十二月，因此，我們還無法以此推斷關於侵犯人權的事件，究已到了何種嚴重的程度。

現在，我們僅就這幾年來發生的幾個重大案件提出來說說，便不難獲得進一步的認識。由於這幾個案件，早已是眾所週知，只要找一點現成的資料，便可加以較為客觀而具體的說明。

第一件是關於龔德柏和馬乘風案：這兩個人，一個是國大代表，一個是立法委員，都是堂堂的中央民意代表。但在四十四年三月四日的立法院，據立法委員成舍我在「『人權保障』與『言論自由』」的質詢中指稱：「龔德柏『於三十八年隨政府撤退來台以後，三十九年三月八日，忽然失蹤。從那時算起，再過三天，就整整滿了五年，這五年中，他的老婆兒子，都從來沒有見過他一面，老婆兒子生死存亡，他也無從知悉。他的老婆急到把頭髮禿成光頂，一家大小，啼饑號寒。這五年中，他究竟犯的甚麼罪？關在甚麼地方？誰都不知道。但似乎誰都知道，這五年中，他沒有受審，沒有判罪，沒有槍斃，却也總沒有回家。……』誠然，

他人緣不好，朋友不多，不過，我相信龔德柏沒有人緣，龔德柏却有人權，龔德柏縱無朋友支援，像這種不審、不判、不殺、不放、却可以激起天下公憤。」成委員在提到馬乘風被捕時又說：「這一案件的經過，本院同仁都知道，政府也不會不知道，他被捕到現在，也已快滿三年……馬乘風無論是尚未起訴，或尚未判決，也早應該有資格享受『視爲撤銷羈押』的浩蕩國恩。」

　　成委員的質詢，當時便轟動了整個立法院。據三月十九日《自由人》發表的唐煌年先生報導說：「那次四十五分鐘的質詢。會場肅靜的空氣，和一陣一陣的掌聲，一段一段的嘆息與喝彩聲，尤其他提到龔德柏案所說：『不審、不判、不殺、不放』這幾句話時，旁聽席上有人流淚。提到馬乘風案時，他剛說出馬乘風三個字，會場接着雷動的掌聲。」接着就在三月十六日這一天，《自由中國》和《自由人》同時把成委員的質詢原文發表，《自由人》並且還另外發表了一篇左舜先生的專文〈讀立委成舍我先生的質詢全文書後〉而響應，到了三月二十八日，《祖國周刊》也相繼以〈台北近聞二三事〉爲題發表社論而支援。這種種，更可以說明海內外的看法爲如何。

　　但是，龔德柏雖於質詢後一年多被保釋了，但究竟所犯何罪？爲何坐牢將近七年之久？都成了一大秘密。像這樣不明不白的坐牢，而又不明不白的釋放，究竟於法何據？誰還能說這不是摧殘人權？至於馬乘風案雖由判決死刑而由總統特赦減爲無期

徒刑。但罪狀還是宣佈【布】得不明不白，是否在法律上根本都不能成立？這已成了自由中國保障人權方面的一大疑案，實是無可否認的事。

第二件是關於孫立人和郭廷亮案：孫立人是總統府的參軍長，郭廷亮是國家的一個陸軍軍官，但在四十四年八月二十日，中央社正式發表了孫立人將軍因郭廷亮匪諜案引咎辭職，而經總統令准免職的消息。同時，政府並特派陳誠等九人，組織了一個調查委員會，命其「就共諜郭廷亮案澈查具報」。此項措施，的確表現政府相當的鄭重。

到了十月二十日，雖由政府把調查委員會的報告書公布，並把總統已准許孫立人自新而毋庸議處的消息宣布，使此案告一段落，但却無法消除各方面的疑慮和不滿。例如李秋生先生便在十月二十二日《自由人》表示：「此次公佈【布】的報告書僅以孫案部分為限，但問題的中心却是郭廷亮案。在郭案內容未經公佈【布】前，我們無法知道此一軍事陰謀到底怎樣，例如『苦諫』與『兵諫』的內容，與彼等準備如何從『兵諫』激成『兵變』。如報告書所指出：『郭廷亮的意圖，顯在利用孫將軍於四十四年五月底隨總統前往南部校閱部隊之機會，上下勾串鼓煽，造成事變，引起混亂局勢，以遂其製造大變亂，實行顛覆政府之陰謀』，也還嫌籠統；如有較具體詳細的說明，當更能使國人了解此次事件的重大危險性。」接着在十月三十一日，《祖國周刊》更發表

〈孫立人案件獻疑〉的社論說：「我們對於政府公佈【布】調查報告全文，非常贊同。……至於孫立人案件的本身，調查報告的公佈，雖能使民眾比較了解案情的輪廓，但細讀調查報告却也不無令人疑慮之處。」又說：「關於郭廷亮案件部份【分】，在調查委員會報告中，並未能舉出確鑿證據，證明郭廷亮確是匪諜。這一部份，既無證人，又無證物，所舉證詞，似乎只是郭廷亮本人的供詞。」甚至認為：「這次『九人調查委員會』的調查工作，自始至終是秘密進行的，而事後的報告中，又未能提出更多更確鑿的實證來，相反的，在字裏行間都用了很多假定的語氣。這種調查，在基本上已失去了法治的精神。」由此可知，政府對於孫立人和郭廷亮案的處理，由於尚有不少漏洞，因此，孫立人案雖似乎已經了結，但郭廷亮究竟犯了甚麼罪？有沒有證據？甚至是否真的有罪？從保障人權的觀點看，誰能否認這不是又一大疑案？

　　第三件是關於何濟周案：何濟周是堂堂監察委員，按照憲法第一○二條的規定。「……除現行犯外，非經監察院許可，不得逮捕或拘禁。」但終因涉嫌貪污，於四十五年十一月十日，在未經監察院許可之下，即被司法行政部調查局逮捕並移送法院審判。

　　但何濟周是否有貪污罪嫌是一事，而是否為「現行犯」却又是一事。於是監察院對於以「準現行犯」名義逕行逮捕何濟周一案，議論譁然，都認為監察委員被控受賄，承辦員警在距其受賄

時間四月之久，及離開受賄地點數百里之遠，雖發覺其持有非爲原贓的鈔票，實難確認其爲「現行犯」而逕予逮捕。同時，該院在推派監察委員二人切實調查後，在四十六年二月十日提出院會報告時指稱：「何委員濟周被捕當時之經過情形，與司法行政部轉據調查局之復【覆】函及檢察官起訴書所稱各節，顯有出入。」並提出意見稱：「司法方面對於何委員濟周不特處心積慮，爲有計劃的設局取證，而且自始即曲解法條，終更至變造事實，推其用心，無非圖強加以現行犯之名，以避免憲法上應循之程序。」難怪到了四十六年五月二十日，中國青年黨中央黨務委員會終於發表了一項聲明，也就是「中國青年黨對有關機關處理何濟周案涉及違憲問題之聲明」。這一聲明中公開表示：「可知本案之構成，乃由於調查局事先設計安排，以圖造成以現行犯論，而逕予逮捕，其爲違反憲法，忽視人權，更爲明顯。」何濟周今天雖被判刑八年，但像這樣一個爲海內外關注的案子，一至於對監察院請求解釋「現行犯」一事，大法官會議也在壓力之下，只有置之不理。試問大法官會議爲何不理？此種做法，豈非正反證其爲摧殘人權？

　　第四件是關於「五、二四」騷動案：這是由於劉自然被殺而引起的空前騷動案件，爆發在四十六年五月二十四日。事後政府曾逮捕了肇事份子百餘人，到了六月十七日，除宣佈【布】被捕人犯中除大部份【分】釋放外，其餘四十一人，因爲犯有重大嫌

疑，決予軍法審訊。到了六月十八日，在四十一名被提起公訴的肇事份子中，除有一人因涉及另一案而另行審理外，其餘四十人便由台北衛戍司令部軍法處成立軍事法庭，分由三個審判庭公開審訊，並在六月二十五日正式宣判。這類措施，顯得政府有相當的慎重。

但是，按照審訊期中各報紙的報導，却發現了用刑迫供涉及摧殘人權的消息。據六月二十日台北《聯合報》的記載，例如關於被告薛細命：「他說是刑警隊叫他承認參加過暴行，他說刑警隊告訴他：『你不承認打也要打得你承認』，他說他當時沒有辦法，只有承認了。」又如關於另一被告楊庇：「他又重說一片【遍】向警察作承認口供是受不了刑罰，在軍事檢查官偵查時也是怕不承認又會被送回保安處去再挨打，他說實在受不了那種刑罰，所以承認了。」另據六月二十一日台北《聯合報》的記載，被告蘇戊初也說：「證人之言，全是虛假，我是在警局受刑不過才說的，初供時我並沒有說。」另一被告林李學宜又說：「一進刑到刑警總隊他們就是一頓打，我身體不好，難以受刑，只有承認，事實我是冤枉。」大家既異口同聲說到受刑逼供，仍未聞政府有何適當措置，這簡直是放縱與鼓勵執行人員摧殘人權。難怪近來酷刑迫供的事越來越多，一至於民命不保了！

第五件是關於倪師壇和路世坤案：倪是台北《公論報》的總主筆，路是台北《新生報》的編輯，都同時在四十六年十一月六

日被治安機關逮捕，由於案情不明，而引起國內外的一致疑慮以至抨擊。香港《工商日報》即首先以〈有待整飭的台灣法治〉為題而評論此事說：「我們實不忍見台灣報人，仍有動輒得咎，而毫無保障的事實，因為這種現象，對政府的法治精神，實為莫大的諷刺。」到了十一月十五日，政府軍事發言人終於加以公開聲明，特別強調「本案是根據戡亂時期檢肅匪諜條例第六條辦理的」，而認為本案所拘的對象是匪諜分子，其違法被檢肅，乃倪路兩人個人行為，與彼等所服務的報社及其「職業無關」。

　　但這種公開聲明，雖在十一月十六日台港各地報紙刊登，卻未能收到澄清疑慮和中止抨擊的效果。例如在十一月二十七日的《自由人》上，還有雷嘯岑先生發表〈台灣拘押記者案平議〉說：「倪氏如其沒有從事匪諜工作的證據，而只是過去在大陸上參加過共黨的組織，即不構成『匪諜』罪行，應該交由法院偵訊裁奪，是否予以起訴的處分。」最後又明白的表示：「所以，我們最注視的，就是倪等犯罪事實如何，官方的簡略聲明決不足以消解各方面的疑團。」《自由中國》相繼在十二月一日〈倪路案亟待澄清〉的社論中指明：「當然，整個自由中國，以至整個自由世界，沒有人願意祖護匪諜。但問題是：絕對大多數的人，都不相信倪路兩君是匪諜，而懷疑當局別有動機。」而左舜生先生在十二月七日的《自由人》上，更不勝感慨的說起另一件事：「尤其是《公論報》，該報社長李萬居，年來曾陸續接過五封恐嚇信，每信照

例附有一顆子彈，總是問他『要死還是要活？』李接到這類信件以後，照例送交治安機關，可是從來不曾破獲過一次。還有一次，李社長的住宅起火，起火的原因，至今不曾查出，似乎與多次的恐嚇信也不無關係。我們把這類事實和倪主筆被拘合起來看，真是感慨系之。」誠如《祖國周刊》在十二月九日的社論〈倪師壇案的疑雲〉中說：「於是在海外又引起紛紛議論，重重疑雲，咸認爲是繼龔德柏案、任顯羣案、孫立人案之後又一大驚人疑案。」像這樣以「莫須有」之罪而拘人，並又據以判刑的行爲，真是欲加之罪，何患無辭。但大家都知道，倪師壇雖然參加過共黨的組織，却早於民國三十年在大陸上便辦理過自首手續，而且接受其自首的，也正是現在這個政府，今對於一個自首過的人又治之以罪，請問這是根據甚麼法律？難怪有人說這根本就是「文字獄」。至於路世坤不但是服務於官報，而且還有反共著作，也不明不白的加以判刑，怎能說不是摧殘人權？

　　事實上，以上所說的五大疑案，還只是犖犖大者而已！沒有說到的案子，當然還有很多很多。記得在四十五年立法院的第十八會期中立法委員胡鈍俞鑒於冤獄太多，曾在詢時向司法行政部長要一張冤獄名單。部長在答詢時却表示「人數『沒有統計』，而要把過去已經各案一件一件的查，恐怕很難」。到今天，可能由於冤獄之多，更無從統計了！但僅由上面所說的五大疑案觀之，雖不能據以肯定政府對人權沒有絲毫尊重，然要說人權已有

了保障，恐怕誰也不會相信。很明顯，僅僅在保障人民身體自由方面，有待政府切實檢討並努力改善的地方還多。這裏其所以不憚煩地引用這些舊資料，固在說明海內外人士對於這些案件的憤怒，但更大的目的，還只是希望能引起政府的注意和改善。

近幾年來，由於政府對人權沒有加以充分保障，固然使各有關當事人受到了直接的損害，但政府因此而間接受到的損失，實在是更大更深。據雷嘯岑先生在四十六年十一月二十七日《自由人》指出：「四年以前，美國共和黨名人杜威訪問台灣後，漫遊香港時，曾對人說台北有七個特務機構存在，細問之下，乃知道他把警察局和派出所等，皆列為特務機構，理由是這些機關可以隨便拘押人民啊！」難怪美國的百科全書，竟誤把我們和否定人權的蘇俄極權國家相提並論了。這些話，都是五年十年以前出諸美國朋友的看法，似乎不必過分重視。不過，到了今年，我們却又不止一次的聽到民意代表若干更令人可怕的說法。一次是在今年六月十日，中央行政改革委員會考察團在台灣省議會舉行座談會時，省議員郭雨新便公然把流氓、警察、稅務員、特務人員、司法人員說成今日社會的五害，這一問題，顯然已經很嚴重。又一次是在九月十九日，立法委員彭善承又把警察、稅務員、司法人員、治安人員說成社會上「四大害」，而陳院長在答詢時雖也略加解釋，認為「弊病在所難免」終也不能不表示：「至於少數警察人員的不法行為，周主席亦表示重視」，問題演變到這地步，

顯然就更為嚴重了！時至今日，政府必須澈底改革，使這種流行於社會的「四害」或「五害」的說法失其根據。但要想做到這一步，必須從切實尊重人權、保障人權做起，尤其要從切實保障人民身體自由做起。

平心靜氣的說，政府似非完全不知道保障人權的重要，也似非完全不知道如何保障人權。相反的，政府當局老是口口聲聲要保障人權，尤其是在立法院的質詢會議中，司法行政部長谷鳳翔答詢時，非但再三的宣稱保障人權，而且無數次的說到要依法切實保障人權。但是，話雖如此，事實似乎恰恰相反，以致立法院的每次會期中，還是照例有保障人權方面的嚴厲質詢。甚至到了最近，監察委員陶百川在十一月二十四日的監察院檢討會中還不得不說：「人身自由，仍時被剝奪」，而大聲疾呼的呼籲政府保障人權！

說到這裏，我們便不能不追究到問題的癥結。要解釋這一問題，也許說來話長，但追本窮源的說一句，最後的癥結，便是政府當局的內心深處沒有真正建立一現代法治的觀念。因此，我們雖然已有了各種足以範圍行政權的法規，終由於濫用行政權的結果，一至於為了政治上的某種需要，甚至只不過為了政治當局主觀好惡喜怒，乃不惜以行政干涉司法，要求司法盡其所謂配合國策的任務，終至於如同監察委員葉時修所說：「目前的司法成了政治的工具，根本說不上獨立分立。司法捲入政治漩渦，製造不

平，製造冤獄，以致怨氣冲天，政治上要對付一個人，便用司法羅織人罪。此類例子甚多：以何濟周一案來說，就是政治的報復。他如林頂立案，也是有着政治成份【分】在內的。司法聽政治的支配，為政治的附庸。所謂配合國策，真不知從何說起！」由於政府當局有以行政干涉司法的行為，而使憲法的尊嚴受到損害。於是下級執行人員，更不知道法律尊嚴為何物，有時為了某種特殊的方便或企圖，便乾脆不依法定程序，而對人民進行傳喚、逮捕、拘禁、審問。這結果，便是所謂「法之不行，自上犯之」。

很明顯，今天我們希望政府切實保障人權，並不必另制定甚麼法，而只需要一切的政府機關和人員，都能「依法」行使權力，尤其是涉及人民基本自由權利的行為，更必須百分之百的做到「依法」二字。

——《自由中國》，第19卷第11期，1958年12月1日。

從憲法保障人民身體之自由
說到取締流氓辦法

社　論[*]

　　「中國地方自治研究會」發起人之一、前爲《自治》半月刊、現爲《自治研究》半月刊的編輯孫秋源，突然於今年十月二十七日深夜，被特務抓走了。據孫秋源之妻蘇好子說：「孫秋源究竟犯了甚麼罪？又究竟抓到甚麼地方去了？因爲當時搜查的人既沒有拿『傳票』出來看，也沒有用口頭說明，所以一點也不清楚」。

　　直至十一月二十八日，台北各報才登載了一項警備總部發佈【布】的消息，說孫秋源是惡性重大的甲級流氓。其事實真相究竟如何，我們固然不得其詳，但據孫秋源之妻蘇好子最近發出的公開信〈請趕快救救我的丈夫孫秋源〉中指出：「警備總部說我的丈夫是惡性重大的甲級流氓，這實在是一百個冤枉呀！」又說：「我想來想去，這流氓的罪名是假的，因爲他在去年做了《自治》的編輯和『中國地方自治研究會』七十八個發起人之一，而惹下了今天的這場禍是真的。」對於這一說法，蘇好子並進一步保證說：

　　我說這話絕不是推測，因為李立柏先生（前保安司令部副司

---

[*] 編註：本文由雷震主筆。

令，現任警備總司令部保安處處長——編者註。）親自告訴
過李萬居社長說，我的丈夫經常在刊物批評政府、罵政府的，
李社長還與李立柏先生替我丈夫辯過。

今天兩位李先生都近在台北，這話應不至於是憑空捏造。

　　我們無意為孫秋源個人辯護，也無意為任何有流氓行為的人
辯護。但我們身為中華民國的一分子，鑒於政府機關非法侵犯人
權的事例實在太多了！所以不得不為全自由中國人民的人身自由
着想。因此，我們願站在主張政府必須切實保障人權的立場，對
于政府今天逮捕流氓所根據的四十一年四月二十九日由台灣省政
府和台灣省保安司令部會銜公布的〈台灣省戒嚴時期取締流氓辦
法〉（附錄在本文後），依據憲法的規定來加以冷靜檢討，看看今
天政府據此辦法所採取的逮捕流氓措置，是否違法？

　　憲法列舉人民之自由（第十、十一、十二、十三、十四各條），
並謂「除為防止妨礙他人自由，避免緊急危難，維持社會秩序，
或增進公共利益所必要者外，不得以法律限制之」（第二十三
條）。顯然的，政府祇有在具備上述各種條件之一時才能限制人民
的自由，而且須經立法院制定法律，嚴格規定限制之範圍與方法。
易言之，單純的具備了憲法所舉之條件，而未經立法程序，政府
仍無限制人民自由之權。反過來說，雖然制定了法律，而其限制
不合乎憲法所舉的條件，則政府不能從因違憲而無效的法律取得
限制人民自由之權。

　　憲法對於人民身體之自由特予保障，以第八條詳細規定其保障之方法，立法機關祇能制定法律使憲法第八條之規定得以充分的有效施行，但不能變更該條內容。例如憲法第八條第一項明定：「人民身體之自由應予保障，除現行犯之逮捕由法律另定外，非經司法或警察機關依法定程序，不得逮捕拘禁；非由法院依法定程序，不得審問處罰；非依法定程序之逮捕拘禁審問處罰，得拒絕之」。刑法、刑事訴訟法與違警罰法的規定，便是那裏面所稱司法或警察機關逮捕拘禁及法院審問處罰的法定程序。憲法第八條第二項明定：「人民因犯罪嫌疑被逮捕拘禁時，其逮捕拘禁機關應將逮捕拘禁原因，以書面通知本人及其本人所指定之親友，並至遲於二十四小時內移送該管法院審問，本人或他人亦得聲請該管法院於二十四小時內提審」。提審法便於第一條規定：「人民被法院以外之任何機關非法逮捕拘禁時，其本人或他人得向逮捕拘禁之地方法院或其所隸屬之高等法院聲請提審」。又於第二條規定：「人民被逮捕拘禁時，其執行機關應即將逮捕拘禁之原因以書面告知本人及其本人指定之親友，至遲不得逾二十四小時，本人或其親友，亦得請求為前項之通知」。憲法第八條第三項明定：「法院對於前項聲請不得拒絕，並不得先令逮捕拘禁之機關查覆；逮捕拘禁機關，對於法院之提審不得拒絕或遲延」。提審法便於第五條規定：「法院對於提審之聲請，認為有理由者，應於二十四小時內向逮捕拘禁機關發提審票，並即通知逮捕拘禁機關之上級機關」，並

於第七條規定「執行逮捕拘禁之機關，接到提審票後，應於二十四小時內將被逮捕拘禁人解交，如在接到提審票前已將逮捕拘禁人移送他機關者，除即聲復外，應即將該提審票轉送受移送之機關，由該機關於二十四小時內逕行解交。如法院自行移提，應立即交出。執行逮捕拘禁之機關，在接到提審票前，已將被逮捕拘禁人釋放者，應將釋放事由及時日，速即聲復」。提審法是民國二十四年第一次公布的，當時有一條（舊法第四條）是這樣規定的：「法院接受聲請後認為有必要時，得摘錄聲請要旨，通知逮捕拘禁機關，限期具覆。」但這是違反憲法第八條第三項的，所以行憲後，於三十七年修正提審法，便將這一條刪去了。提審法第九條規定：「執行逮捕拘禁之公務員違背第二條第一項或第七條第一項之規定者，處二年以下有期徒刑、拘役、或一千元以下罰金」。這便是為了使憲法第八條得以充分的有效施行而定的。

憲法之所以對人民身體之自由特予重視，詳細規定其保障之道，實因身體自由為一切自由之本，失去身體之自由，非但其他自由無從說起，任何權利也都失其意義。有關保障人民身體自由的法律不止於刑法、刑事訴訟法、違警罰法和提審法，不過這四者特別重要。提審法極簡單，共才十條，卻與憲法第八條的關係最深，所以將它們互為比較，藉以說明人民身體之自由應該澈底保障。

憲法第九條也不能不特別提出，因它是與第八條如血肉之不

可分的。其文曰:「人民除現役軍人外,不受軍事審判」。這一條並不受時間或空間的限制。那就是說:無論平時或戰時,如在戰時,無論在前方或後方,軍事審判祇能對軍人適用。戒嚴法第八條規定在接戰區域內:(一)內亂罪、(二)外患罪、(三)妨害秩序罪、(四)公共危險罪、(五)偽造貨幣、有價證券及文書、印文各罪、(六)殺人罪、(七)妨害自由罪、(八)搶奪強盜及海盜罪、(九)恐嚇及擄人勒贖罪、(十)毀棄損壞罪、以及這十項以外其他特別法之罪,一律得由軍事機關自行審判,這絕對是違憲的。第一任陳誠氏內閣以最大決心公布了台灣省戒嚴時期軍法機關自行審判及交法院審判案件劃分辦法,限制軍法機關的管轄範圍為:(一)軍人犯罪、(二)犯戡亂時期檢肅匪諜條例、懲治叛亂條例所定之罪。雖然這個辦法不盡符合憲法,但不能否認其為一長足的進步。戡亂時期檢肅匪諜條例與懲治叛亂條例的罪與罰,其實祇是刑法內亂與外患罪的加重,前者規定由當地最高治安機關審判,後者規定在戒嚴區域概由軍事機關審判,自由中國朝野上下對共匪莫不深惡痛絕,似乎沒有人感覺到這類案件劃歸軍法之不妥,司法機關對於憲法所賦予之職權不能據法力爭,陳氏以軍人組閣,竟能自動將軍法管轄範圍大量縮小,自是值得贊許的。

　　軍法機關自行審判案件的限制,其重要不止於在審判,而在既不屬軍事審判的案件,便不應由軍事機關行使偵查訊問或逮捕之權。這一點行政院在給監察院的覆函中已經說的很明白了。監

察委員陶百川對行政院上述解釋，提請注意軍法機關以外之軍事機關是否可以司法警察官署之身份【分】逮捕應屬法院審判之案犯？其逮捕是否皆有法院之拘票？我們認為：（一）軍事機關不皆是司法警察官署，（二）司法警察官署施行逮捕縱有法院的拘票，仍應於二十四小時內解送法院，不得擅為延長，自行偵訊。所謂司法警察官及司法警察應以刑事訴訟法第二百零八條、第二百零九條及第二百十條所規定者為限。茲照錄於下：

第二○八條：左列各員於其管轄區域內為司法警察官，有協助檢察官偵查犯罪之職權：

一、縣長、市長；二、警察廳長、警務處長或公安局長；三、憲兵隊長官。

前項司法警察官應將偵查之結果移送該管檢察官，如接受被拘捕或逮捕之犯罪嫌疑人認其有羈押之必要時，應於二十四小時內移送該管檢察官；但檢察官命其移送者，應即時移送。

第二○九條：左列各員為司法警察官，應聽檢察官之指揮，偵查犯罪：

一、警察官長；二、憲兵官長、軍士；三、依法令關於特定事項得行司法警察官之職權者。

前項司法警察官知有犯罪嫌疑者，應報告前條之該管檢察官或司法警察官；但得不待其指揮，逕行調查犯人犯罪情

形及必要之證據。

第二一〇條：左列各員為司法警察，應受檢察官及司法警察官之命令，偵查犯罪：

一、警察；二、憲兵；三、依法令關於特定事項得行司法警察之職權者。

司法警察知有犯罪嫌疑者，應報告該管檢察官或司法警察官，但得不待其命令，逕行調查犯人及犯罪情形，並蒐集證據。

由上引條文，可見何人有司法警察官或司法警察的身份【分】，法律一一列舉，不容任意擴大。所謂依法令關於特定事項得行司法警察官或司法警察之職權者：必須（一）有法律或命令的根據；（二）法律自不容違背憲法；（三）命令自不容違背憲法與法律。第一〇九條與第二一〇條之所稱調查，絕對的不容誤解為包括逮捕拘禁之權在內。根據第一〇八條第二項所為拘提或逮捕，亦應于二十四小時內移送該管檢察官。

刑事訴訟法第一〇八條所稱之司法警察官應協助該管檢察官，第一〇九條及第二一〇條所稱之司法警察官及司法警察應聽檢查官之指揮與命令，很明顯的檢查官是主體。國民政府於三十四年公布、並經三十六年修正的調度司法警察條例，及行政院於三十四年公布、並經三十七年修正的檢察官與司法警察機關執行職務聯繫辦法，都為加強檢察官之指揮命令（前者第九條第十一

條）。調度司法警察條例中，除了刑事訴訟法所舉之地方政府首長及憲警人員外，又增列二類人員：為鐵路、森林、漁業、礦業或其他專業警察首長、警長、警士；其二為海關、鹽場之巡緝隊官長、員警。但規定這兩類人員受檢察官之指揮命令，以與其職務有關之事項為限（第三及第四條）。本來這二類人員實是警察，如此規定，更給予所謂「依法令關於特定事項得行司法警察職權者」的身份【分】。調度司法警察條例又規定：「檢察官推事辦理刑事案件，於必要時，得商請所在地保安機關、警備機關協助」。這當然是說保安機關、警備機關必受司法機關的囑託，始得協助調查犯罪，蒐集證據。如係緝捕人犯仍應於二十四小時內移送司法機關，而不是說他們可以喧賓奪主，任意參預司法工作。檢察官與司法警察機關執行職務聯繫辦法，是依調度司法警察條例第十條之規定制定的（該第十條文曰「檢察官與司法警察機關於職務之執行，應密切聯繫，其辦法由行政院定之」）。這個辦法中有幾條是值得提出介紹的。

　　第二條：各級法院檢察官與司法警察機關對於該管區刑事案件，應隨時交換意見，並指定聯絡人員切實聯繫，必要時得召集聯席會議或舉行司法會報。

　　第三條：各院轄市及其他刑事案件較多之省市，由警察機關之申請，該管法院得酌派檢察官於警察局設立辦事處，以直接指揮該局刑事警察，辦理偵查程序。

其他刑事案件較少之縣市，得由警察機關之申請，准警察局派遣刑事警察官一人警察若干人，於該管法院設立刑事警察聯絡處，受該管檢察官之指揮，辦理偵查及聯繫事宜。

第六條：司法警察機關解送刑事案犯時，司法機關應不受辦公時間之限制，隨到隨收。

第十條：凡現役軍人與普通人民共同犯罪，為司法警察機關一併捕獲時，應同時移送該管檢察官偵查，再由檢察官將現役軍人部份轉解軍事法庭辦理；但法律另有規定或由軍事法庭囑托傳拘者不在此限。

從這些條文可以看出，對於同屬司法警察之憲兵與警察，聯繫方法並不一樣。警察機關可以申請法院派檢察官駐局指揮、或派警官前往法院接受指揮，其他司法警察機關則僅與法院隨時交換意見，派員聯絡或舉行會議。我們尤其應注意，現役軍人與普通人民共同犯罪，為司法警察機關（包括憲兵隊在內）一併捕獲時，應同時移送該管檢察官偵查，再由檢查官將軍人部份【分】轉解軍法機關。

調度司法警察條例及檢察官與司法警察機關執行職務聯繫辦法都是行憲前，而且是抗戰勝利前後半年間所定的，却能明辨司法機關與司法警察機關間的主從，又能分別司法警察機關中軍警間的輕重。雖然各該條例或辦法未見得為軍警機關所遵行，至少是一個指針，曉喻大家應走的方向和目標。行憲於今，業逾十年，

後來的法令對人民身體的自由與司法機關的權職反不如以前之尊重。調度司法警察條例及檢察官與司法警察機關執行職務聯繫辦法並未失效，但是整個憲法無論關於人民權利或機關權責的規定，尚且未為政府所遵奉，其他為保障人民之自由而定的法令焉得不等於具文？前面已經說過，軍事機關本不都是司法警察機關，更具體一點說，保安機關、警備機關、除依調度司法警察條例受司法機關之請求協助外，不得逕行司法警察之職權。現在保安機關警備機關非但均以司法警察機關自命，且又侵犯司法機關的職權，甚至檢察官反而協助他們，填發拘票，授權羈押。人民身體自由的保障雖載在憲法，但是執行保障任務的實為司法機關，任何機關，以任何原因，逮捕拘禁任何人，均應於二十四小時內移送該管法院。人犯的羈押、審問與刑罰是專屬於司法機關的權力。如果司法機關竟將其特有的權力任聽軍事機關摧殘之餘，復假人以柄，自毀威信，人民的身體自由還有什麼保障可言？

　　司法機關為了行使其權職，得請求司法警察機關協助，本非不可囑託拘傳人犯，但是不可以將偵查審問之權一併囑託出去。其實檢察官推事之拘提羈押嫌疑人犯並非毫無條件，蓋必被告犯罪嫌疑重大，而有下列情形之一者始得為之：（一）無一定之住居所者；（二）逃亡或有逃亡之虞者；（三）有湮滅證據、變造證據、或勾串共犯或證人之虞者；（四）所犯為死刑或最輕本刑為五年以上有期徒刑之罪者（刑訴法第七十六條、第一百零一條）。羈押於

其原因消滅時，應即撤銷，將被告釋放（刑訴法第一百零七條）。羈押被告，偵查中不得逾二月，審判中不得逾三月。其有繼續羈押必要者，得於期間未滿前，由法院裁定延長之。在偵查中延長羈押期間，應由檢察官聲請所屬法院裁定。延長羈押期間，每次不得逾二月。偵查中以一次為限。如所犯最重本刑為三年以下有期徒刑以下之刑者，審判中以三次為限。羈押期間已滿，未能起訴或裁判者，視為撤銷羈押（刑訴法第一百零八條）。羈押之被告，有下列情形之一者，如經具保聲請停止羈押，不得駁回：（一）所犯最重本刑為六月以下有期徒刑、拘役或專科罰金之罪者；（二）懷胎七月以上或生產後一月未滿者；（三）現罹疾病，非保外治療，顯難痊癒者（刑訴法第一百十四條）。司法警察機關逮捕人民，縱有檢察官簽發之拘票，仍應於二十四小時內移送法院。倘遷延數月，甚或經年，既不移送，又不釋放，縱有檢察官簽發的押票，仍係以非法方法剝奪人民之行動自由。刑法第三百零二條這樣規定：「私行拘禁，或以非法方法剝奪人之行動自由者，處五年以下有期徒刑、拘役或三百元以下罰金」。

　　台灣省政府與台灣省保安司令部會銜公布的〈台灣省戒嚴時期取締流氓辦法〉所稱之流氓，當然不是軍人。其所定構成流氓條件的情形（第三條）即使達到犯罪的程度，也無一是屬於軍事審判的範圍。流氓，就字義上看，本祇是無業游民。雖然在社會的意識裏含有為非作歹、兇橫霸道的觀念，但是站在法的立場，

祇能就事論事，看他們的行爲是否犯罪或違警分別按照法定程
序，適當懲治。若由政府機關登記，給人一個官定的流氓頭銜，
實無法律的根據。警察負維持治安之責，對管區居民的生活性行，
明查暗訪，分類密存，我們用不着有所批評。但該辦法第五條規
定「經調查登記之流氓，由保安司令部審查不法事實明確後，通
令各縣市警察局執行逮捕，解由台灣省警務處轉解保安司令部核
辦」，這便與憲法第八條及第九條直接衝突。一項事實既須經過登
記審查，才知其爲不法，則其非現行犯，已不待論。司法警察機
關在這種情形之下，不依照刑事訴訟法第二零九條第二項與第二
一○條第二項報告該管檢查官，而由保安司令部通令逮捕；逮捕
不解送法院，而解轉保安司令部，無一階段不是非法剝奪人民身
體之自由。

　　該〈取締流氓辦法〉第六條又規定保安司令部對於被逮捕之
流氓，按其情節輕重，或依刑法規定予以保安處分，或依違警罰
法施以矯正或令其學習生活技能，彷彿他們的處置都有法的依據
似的，真令人閱之啼笑皆非（今年十二月一日出版的第九卷第十
二期《法令月刊》有一篇何任淸君的〈論保安處分〉，對於刑法與
刑事訴訟法有關保安處分的條文以及有關的判例引述甚詳，值得
參考）。保安處分雖不是刑罰，却仍是一種刑事處分，通常應於裁
判時一併宣告（刑法第九十六條前段、刑事訴訟法第三百零一條
第六欵）。至於因假釋或於刑之赦免後始發覺有付保安處分之必要

者，應由檢查官聲請法院裁定之（刑訴法第四八五條）。我們不瞭解，保安司令部這種代行法院職務的權力是怎樣取得的。須知保安司令部銜名上之「保安」與刑法保安處分之「保安」是絕對兩事，不可相混。這個〈取締流氓辦法〉是四十一年四月廿九日公布的，恰在行政院公布〈台灣省戒嚴時期軍法機關自行審判及交法院審判案件劃分辦法〉前十一天，也許那時還勉強可以說，保安司令部是根據戒嚴法第八條授權審判十項犯罪而行使其施保安處分之權，但在同年五月十日行政院明令劃分司法與軍法在台灣省戒嚴時期審判範圍以後，他們應該知道〈取締流氓辦法〉第三條所舉情形，無一是屬於軍事審判範圍的了。

　　違警罰是一種行政處分，其管轄專屬於警察機關，祇有在未設警察局之地方，始由地方政府行使違警罰權（違警罰法第三十二條）。違警事件與刑事案件很容易互相牽連，同一行為，經法院判罪後，即不得再予以違警罰。倘經不起訴處分或免刑不受理或無罪之判決，違警部份【分】仍得處罰。但法院不能於裁判時逕代警察局行使其裁決權。軍人違警者由所在地憲兵機關管轄，無憲兵機關時，由普通警官署管轄（同法第三十五條）。本來人民不必為軍人，但軍人必為人民，管轄軍人的機關管轄人民便違憲，管轄人民的機關管轄軍人並不違憲。所謂流氓，盡是人民，其刑事行為應為法院審判，前論已詳，不贅。違警行為應由警察機關處分，違警罰法亦有明確規定。儘管戒嚴法第六條規定「戒嚴時

期，警戒地域內地方行政官及司法官處理有關軍事之事務，應受該最高司令官之指揮。」却沒有說軍事機關可以代行警察職權。保安司令部直接引用違警罰法之規定，無論是對流氓或是對君子，都是侵犯警察職權，違背了違警罰法，違背了戒嚴法，更是違背了憲法。

　　陳誠氏第一任內閣時公布了〈台灣省戒嚴時期軍法機關自行審判及交法院審判案件劃分辦法〉，使戰時的台灣，憲法的效力不至全部摧毀，人民的自由不至全部剝奪，但未命令台灣省政府台灣省保安司令部廢止其〈取締流氓辦法〉。保安司令部對於該辦法之不應再予施行，明知故昧，繼續援用，違法抗命，實屬辜負了陳氏維護憲法，保護民權，推行法治，打擊共匪的一片苦心。現陳誠氏二度組閣，對於當年的劃分辦法函達監察院，補充解釋，足見其政策未變，貫澈有心。我們希望司法機關因此膽壯，爭取主動，做到指揮命令司法警察，而不要太阿倒持，任人播【撥】弄。在案未移送到法院前，不可應軍警的要求簽發拘票，為其非法逮捕的護符，不可簽發押票，淆亂非法監禁的真象。我們希陳誠氏能嚴令廢止這個違憲、違法、違令的〈台灣省戒嚴時期取締流氓辦法〉，免得自由中國的人民有隨時被帶上一頂「黑帽子」，成為官定流氓，遭受非法逮捕拘禁，失却身體自由之厄。同時，我們更希望立監兩院，對此能加以特別重視，共同促使行政院早日廢止。

（附錄）台灣省戒嚴時期取締流氓辦法

　　　　中華民國四十一年四月二十九日

　　　　台灣省政府、台灣省保安司令部會銜公佈【布】

　　第一條：為鞏固本省地方治安維持社會秩序及預防流氓犯罪，特依本省保安計劃第十三條，訂定台灣省戒嚴時期取締流氓辦法（以下簡稱本辦法）。

　　第二條：戒嚴時間本省各縣市對於取締流氓，除法令別有規定外悉依本辦法辦理。

　　第三條：有左列各欵情形之一者為流氓；

　　一、非法擅組幫會招徒結隊者；

　　二、逞強恃眾要挾滋事或佔【占】據碼頭車站勒收陋規搬運費者；

　　三、武斷鄉曲欺壓善良或包攬訴訟者；

　　四、不務正業招搖撞騙或包庇私娼者；

　　五、曾有擾害治安之行為未經自新或自新後仍企圖不軌者；

　　六、曾受徒刑拘役之刑事處分三次以上仍不悛改顯有危害治安之虞者；

　　七、因游蕩或懶惰而為違警行為之習慣者。

　　第四條：本辦法實施後，各縣市（局）警察局（所）應即舉行轄區流氓總調查，嗣後每三月覆查一次。各縣市（局）警察局

（所）對於所調查之流氓，應嚴密監視並造具名冊四份【分】，分報保安司令部及警務處密存，名冊格式如附表。

第五條：經調查登記之流氓，由保安司令部審查不法事實明確後，通令各縣市警察局執行逮捕，解由台灣省警務處轉解保安司令部核辦。

各縣市解送流氓時，應填造捕送流氓不法事實指紋冊四份【分】，分送保安司令部及台灣省警務處及職業訓導總隊，刑警總隊。

第六條：保安司令部對於被逮捕之流氓，按其情節分別為左列處置；

一、依刑法規定予以保安處分；

二、依違警罰法規定施以矯正或令其學習生活技能；

三、無不法事實者予以釋放。

第七條：凡包庇利用流氓活動，意圖造成地方權勢之私人或團體，其本人或團體，主持人為首要流氓由保安司令予以逮捕法辦。

第八條：人民得檢舉流氓，被檢舉之流氓經調查屬實後，分別列入流氓名冊，如有不法事實者，依第五條第六條規定辦理。

第九條：檢舉人或第四條執行任務人員如有挾嫌誣報，應予依法懲處。

第十條：被列冊之流氓如能改過遷善在三年內無不法行為

者，得予除名。

　　第十一條：本辦法自公佈【布】日施行。

　　　　——《自由中國》，第19卷第12期，1958年12月16日。

撤銷警備總司令部！

警備總司令部最近訂定了一項「請願須知」（見《中央日報》），規定人民請願時，須先向治安機關申請。很顯然，這是對人民請願權新加的「法外」限制。

人民具有請願權，原為憲法第十六條所規定。對於此項權利，政府非在憲法第二十三條所限定的特定條件下，尚且「不得以法律限制之。」請問警備總部現如此「擅」加限制，究從那裏來的此項「特權」？

近幾月來，該部由非法「查扣禁售」書刊，侵犯了出版自由，又進而利用〈取締流氓辦法〉大捕人民，侵犯了人身自由，現又企圖透過「請願須知」，侵犯人民請願權了！像這樣下去，真不知人民自由權利，將被摧殘到何種地步！更不知政府在人民的心目中，又將被造成怎樣惡劣的後果！是否存心把自由中國造成一個「警察國家」？

其實，警備總部的法律地位，根本便是一大問題。立法委員劉錫五在四十七年九月十六日向立法院提出的書面質詢中，便指摘該部「在法律上尚屬無所依據。」

今天，已到非澈底追究其法律地位不可的時候了。老實說，

像這樣一個沒有法律依據的機構，如竟聽其存在，便無異是鼓勵其違法毀法，濫用權力，希望立法院速予糾正，行政院速予撤銷。不然，憲法即令不修改，也將變成有名無實！

——《自由中國》，第20卷第1期，1959年1月1日。

以「法」違法

短　評

　　近幾月來，大家鑒於人權之未獲重視，便大聲疾呼地要求切實依法保障。最後，好【不】容易才聽到政府決定廢止「治安機關羈押疑犯申請延長羈押規定」的消息。

　　但是，現在在大家眼巴巴的盼望着合法的新辦法制定時，却聽到政府決定改為派遣各地檢處檢察官，親赴各縣市警察局就近辦理訴訟案件。這固不失為新辦法，但此種「移樽就教」的辦法，絕不是老百姓所希望的。

　　很顯然，其所以又決定這種辦法的目的，根本不是想保障人權，相反的，倒是企圖保障治安機關的侵犯人權。我們必須指出：這與憲法第八條限制逮捕機關至遲於二十四小時內「移送該管法院」的規定不符，完全是違法的。不知政府憑甚麼竟如此決定？請在法律上拿出理由來！

——《自由中國》，第20卷第3期，1959年2月1日。

冤獄賠償制度之建立不容再緩了！

——兼評立法院刑事補償草案

社 論[*]

　　根據我國憲法第二十四條規定，公務人員不法侵害了人民的自由或權利，除該公務人員應法律受到懲戒、並負刑事及民事責任之外，被害人是有權就其所受損害，向國家依法請求賠償的。這條法律的用意有三點：即（一）使公務員執法時有所戒懼，不敢枉法胡為；（二）受害人有權依法請求國家賠償其所受之損害；（三）國家須負連帶賠償的責任，不能僅以懲處違法之公務人員為已足。由此可以減少非法逮捕、拘禁、審問和處罰，以保護人民身體之自由，並消除濫用職權，來封閉、沒收和毀損財物，以免造成傷亡和冤獄等等事件。不過憲法祇能立下一個原則，至於請求應如何提出，賠償應如何取得，那是有待於法律來作明白規定的。

　　現行憲法公布了已經十二年又二個月，而施行也已滿了十一年二個月又七天，時間不可謂不久，而這個關係人權極為重要的法律却還沒有制定，以至制度不能建立，冤獄重重而無從求償。

---

[*] 編註：本文由雷震主筆。

人民遭受不法逮捕拘禁的事，幾乎無日無之，不因輿論的指摘而稍戢，不因民意機關之質詢糾彈而稍斂跡。僅僅台灣這塊不到一千萬人的小地方，祇在四十五年七月至十二月的半年之中，各法院受理的提審案件便有四十一件之多（見行政院權責委員會的報告書），其中能被押上一年半載，無罪釋放的，還算是大有福氣的人。像一言遭忌便喪失自由至八年之久的龔德柏，像八德鄉血案中被拘受刑、弄到遍體鱗傷、幾至殘廢、現仍在彰化醫院中治療的現任少校軍官官家良（詳情見本刊本期通訊欄），那種殘酷凶狠的例子，在那一個現代的民主國家中還能舉得出來呢？國家對他不應該負責麼？不應該賠償麼？可是他能向什麼機關，用什麼方法去要求呢？閱報獲悉官家良經無罪判決釋放後，他的血淚〈陳情書〉曾於去年十一月呈監察院、副總統和司法行政部，去年十二月二十日又呈遞立法院、國民黨中央黨部和軍政各機關，請求法辦使用酷刑威逼口供之公務人員，並要求賠償一切損害與醫藥費用，而迄今如石沉大海，杳無消息。

　　冤獄賠償在西洋的歷史已很悠久（英國在一四五五年，就有冤獄賠償的例子，見本刊第二十卷第三期李聲庭氏著〈民意代表在議會內言論對外不負責任問題〉），雖然英美與大陸國家的制度各不相同。英美沒有特定的冤獄賠償法，遇有這種事件發生，則由國會專案議決，撥歁賠償被害人。大陸國家多有制定專法者，其內容則繁簡不一，但使受有冤屈的人民得請求國家賠償的精神

與作用，實無二致。瑞士的專法，名為〈國家民事責任法〉，內
容僅有三條，桂裕教授在最近出版的《訪美雜記》（見該書第八
十六頁，三省書店發行）中曾為全部舉出，我們轉錄如下：

第一條　日內瓦州及行政區對於司法官於執行職務時，因故
意、過失或疏忽之不法行為，致第三人受有損害者，應予賠償。

第二條　日內瓦州及行政區對於公務員或僱員於執行職務
時，因越權行為致第三人受有損害者，應負賠償之責，但以不能
證明已盡相當注意，以防止損害之發生者為限。

第三條　前二條規定之民事訴訟，仍依聯邦債務法一般之規
定。

國家的責任，本不僅以刑事訴訟上所造成的冤獄為限。上舉
瑞士的〈國家民事責任法〉，實是不能再簡單的法律，但却將國
家的責任與請求的方法規定得一清二楚。一九四七年制定、一九
四八年施行的意大利共和國憲法第二十八條規定：「國家及公共
團體之公務員與職員，就其所為侵權行為，依刑法、民法及行政
法之規定，負直接責任。此際，民事責任及於國家與公共團體」。
我國憲法第二十四條規定：「凡公務員違法侵害人民之自由或權
利者，除依法律受懲戒外，應負刑事及民事責任，被害人民就其
所受損害，並得依法律向國家請求賠償」。這些都是和瑞士的國
家民事責任觀念相同的。很多國家的憲法都有類似的規定，如日
本戰後新憲法第十七條，大韓民國憲法第二十七條，西德憲法第

三十四條等等。有的國家對於冤獄一事，却又另設專條，例如上述日本憲法第四十條規定：「任何人於被羈押或拘禁後，已受無罪之判決時，得依法律之規定，向國家請求補償」。因此，日本的〈刑事補償法〉却已接着制定施行。（查日本戰後新憲法，係於一九四六年十一月三日公佈【布】的，而〈刑事補償法〉即於一九五〇年頒佈【布】施行，旋經一九五二年、一九五三年及一九五四年三度修正。日本過去也有〈刑事補償法〉，認定被拘留後受無罪之判決時，對國家有補償請求權，但對此設有種種的限制。新憲法第四十條則將那些限制一概廢除，凡是受監禁後而確定無罪的，都可以請求補償）。而我國不要說像瑞士那樣廣泛規定的〈國家民事責任法〉尚未制定，即連那樣縮小範圍的冤獄賠償法的制定，還是遙遙無期，怎不令人失望？

　　立法院對於這個問題，雖不是沒有注意到，但冤獄賠償法討論經年，擬定了一個以五元以下折算一日之低價的〈刑事補償法草案〉，不久之前，《聯合報》把它全文刊載出來（見四十八年一月三十日《聯合報》），並報導僅僅由該院司法委員會初審通過。那末，何時可以完成三讀程序而公布施行，固難斷言，縱使施行，效果如何，亦不可樂觀。

　　立法院處理這個法案，可謂竭盡審慎之能事。去年，民刑商法委員會還邀集了司法行政當局及一班學者和名流們，開了一個規模相當大的座談會，徵詢大家對於這個法律應否制定、以及如

何制定的意見。與會的人看法頗不一致，有的贊成，有的懷疑，但沒有一個反對。當然，忠於黨治、推行司法配合國策的司法行政當局是不會主張冤獄賠償的。但是他也不敢「公然」異議，不過繞着圈子說話，希望立法院將此法案拖延下去罷了。因爲他和他們這一羣人只知有黨權而不知有人權，根本不認識民主爲何物，也不曉得治國要以民心之向背爲依歸，爲着在表面上多多少少裝點民主的樣子，喊喊所謂「六大自由」的口號而已。其實，他們心目之中何嘗有半點民主和人權存在。但是我們所不瞭解的，因實行民主而始能存在的代表人民的立法院，爲何多所顧忌，竟把這樣一個範圍狹小、補償低廉的法案竟一研【延】再研【延】而擱置起來？

　　據我們所知，少數懷疑的人所持的理由最大者不外下列兩點：第一、近年冤獄雖多，但經司法機關審判的案件，因有上訴、再審及非常上訴的救濟，亦常能判明是非，昭雪無辜。若賠償制度一旦建立，深恐法曹顧慮責任，躊躇游移，轉足減少平反的機會。第二、國庫艱難，冤獄眾多，盡行賠償，力不從心。

　　其實，這些都是過慮，也是「蔑視人權」的說法。今日冤獄的造成，由於審判者少，由於不法拘禁者多，如憲警和特務機關之濫肆捕人、拘禁、刑訊等等。司法真能獨立，人權受到尊重，冤獄自然減少，像對八德鄉血案中嫌疑人犯之非法拷問、殘害人命等等，自然就可減少了。我們且看瑞士自一九〇〇年公布了〈國

家民事責任法〉以來，却只發生了一件案子；英美在近二百年間的國家賠償事件，也是屈指可數的。由此便可以知道冤獄賠償制度之建立，可以促使公務人員處理事務之「審慎將事」的。在我國今日，如果有了此法，最少可使憲警和特務機關不敢隨意捕人，濫施酷刑了。須知民主國家的法律，其主要目的，不僅在於拘束人民，使其不敢爲非作歹，同時也是要拘束公務人員之行爲，使其依法執行職務，臨事小心謹愼，不敢違法非爲了。

　　我國司法儘管執政的黨時時的想利用它，干涉它，作爲政治上的工具，以對付他所不喜歡的人，却還有些法官，我們相信，是能無畏無懼，不屈不撓，祇受法律的拘束，不受人事干擾的。我們不是說司法不可能有錯誤，否則法院便不須有三級三審的制度。但是審判而不濫施羈押，便不容易構成冤獄。無論拘捕或羈押，在刑事訴訟的程序上，皆有其必要的條件，本不輕易爲之。現在各地看守所在押的嫌疑人犯，可以說十九是軍事機關逮捕移送的。而軍事機關裏所關的老百姓，更不用說，大都是非法拘押。

　　軍事機關之敢於如此亂來，還不是賴有違憲的法律與命令爲之撐腰麼？如果對於不法拘押所生的損害一律由國家補償，政府爲了避免加重國庫的負擔起見，將會對於若干法律迭經權責研究委員會認爲：「在行憲前頒布，在行憲後並未依憲法之規定作澈底之修改」、但「涉及人民之權利義務，至深且鉅，應爲通盤之檢討，以符民主法治之精神」者，予以廢止或修改；也將會對該

會之「保障人權改進方案」及行政改革委員會所提「切實保障人
權案」，加速實施。公務人員將會因為由其故意或過失所造成的
冤獄，國家賠償後可轉向他們求償，而生儆惕戒慎之心，不致於
一無忌憚，不問權責，對於無辜的人民任意逮捕，無限拘禁了。

　　說到這裏，我們不禁有兩點感想：

　　第一、黃季陸氏主持「權責研究委員會」的時候，他還是行
政院的政務委員，王雲五氏主持「行政改革委員會」的時候，先
是考試院的副院長，後是行政院的副院長，均是政府的高級官
吏。兩氏的改革方案，均特別提到保障人權，並且希望政府切實
改進，足見兩氏平素聞悉今日自由中國人民的人權已受到嚴重的
迫害，已至不能不設法糾正改進的階段，故前者有「保障人權改
進方案」，後者有「切實保障人權案」。王雲五氏且於本年一月十
六記者招待會有所說明，謂「切實保障人權案所建議，皆為憲法
賦予人權之保障，而目前事實多與法定不合，因摘取較顯著之具
體事實，作為佐證，俾政府得以研究改善，切實執行」（見一月
十七日台北各報）。何以行政負責當局和主管司法行政人員平素
對這類慘絕人寰的刑訊和蔑視人權的行為，竟能熟視無覩而無動
於衷呢？「惻隱之心，人皆有之」，若連人類起碼條件的同情心
竟一點也沒有，還談什麼自由民主、人權法治和政治反攻啊！

　　其次，今日司法機關有許多地方是自己放棄職權，甘心作軍
事機關之附庸。如縮小軍司法範圍之事，經國人抗爭多年，才有

了四十三年十月十四日行政院再度修正軍司法劃分辦法公佈【布】施行。不料劃分辦法施行之後，司法機關往往放棄職守，有許多不屬於軍法範圍的案子，竟徇軍事機關之請求，由他們填發傳票傳喚嫌疑人犯再交由軍事機關去偵查。南投中興村徵購地皮的舞弊案子，當周至柔氏主政之初，即發交前保安司令部辦理。該部主辦人員認為此案應屬於普通司法的範圍，如由他們自動辦理，即屬違法之事，乃商准台中地方法院檢察處填發傳票傳喚嫌疑人犯交由他們偵查。這種放棄職責、或俯首聽命司法機關竟甘為之，自由中國今日的政治究竟到了一個什麼樣子的局面，請大家捫心想想，豈僅違法失職而已，實已到了胡作妄為不顧一切的程度。

　　一般人企求已久，尚不可得的冤獄賠償，我們此時無意主張將它擴大到像瑞士〈國家民事責任法〉那樣的範圍，儘管根憲法我們應當如此主張，有權這樣要求（我們憲法第二十四條之精神，實與瑞士一樣）。我們祇望冤獄賠償制度從速建立，使目前毫無保障的人權，稍獲保障，使身體備受蹂躪、毫無補償的人，稍有補償。但是立法院的〈刑事補償法草案〉，却連我們這一點最小的願望都不能做到。

　　這個草案第一條開宗明義，首即標出「依刑事訴訟程序或軍事審判程序受理之案件，有左列情形之一者（按即受無罪判決或不起訴處分確定前曾受羈押者），受害人得依本法請求國家補

償」。那也未免將範圍縮得太小了。憲法規定：「人民除現役軍人外，不受軍事審判」（第九條），故非現役軍人而受軍法審判，其判決根本違憲，於法無效，縱令判罪，仍是冤獄之至。況且現在軍事機關逮捕人民，決沒有根據什麼軍事審判程序，像警備總司令部隨便以一項「黑帽子」戴在人民的頭上，便稱之為「流氓」，逮捕之後而加以長期拘禁，美其名曰「管訓」，還說是「除暴安良」，「並非審判處以徒刑，自無是否與軍事審判範圍之疑義」。本刊當時即曾率直的答復【覆】說：「對於違警行為人之施行矯正，或命其學習生活技能，在違警罰法上有其必要之條件……。違警是情節未達到犯罪程度之行為。犯罪須由司法機關依法定程序審判，違警須由警察機關依法定程序處分，均不容其他機關越俎代庖，均不屬軍事機關職掌，確是沒有疑義的」（見本刊第二十卷第二期台灣警備總司令部函和編者按語）。因此逮捕「流氓」，而剝奪其自由，不管「管訓有無必要」，總是「冤獄重重」，怎可不予補償。照上述立法院的草案來看，這種被警備總部擅自違法羈押的人，便不合規定，無法請求補償。非但此也，該草案第二條又將雖受不起訴處分或無罪之宣告而其「行為違反公共秩序或善良風俗或應施以保安處分者」劃去，使不得請求補償。保安處分見諸刑法，施行也應有一定的合法程序，我們姑且不去討論此一例外之當否，但所謂違反公共秩序或善良風俗，在刑法上有「妨害秩序罪」、「妨害風化罪」，如果一個人的行為構成犯罪，

便應依法起訴，便應依法判罪。既不起訴，或起訴而宣告無罪，便證明他沒有防【妨】害秩序，沒有妨害風化，怎樣又說他們的行為違反公共秩序或善良風俗呢？真是欲加之罪，何患無辭。這不是與「取締流氓辦法」互為呼應使其合法化嗎？這是我們對草案不能贊同的第一點。

其次，〈刑事補償法草案〉第三條規定：「補償金額依羈押徒刑或拘役執行之日數，以三元以上，五元以下，折算一日支付之」。死刑除上述之補償外，另「支付三萬元以上，五萬元以下之撫慰金」。這些金額並沒有規定適用何種幣制，國家法令既皆以銀元為標準，本法意亦相同。銀元一元折合新台幣三元，等於說，人民一日之自由，定價為新台幣九元至十五元。按官價折成美金為二角五分強至四角一分強。若照本月報載美金市價，折中以五十對一計算，祇合美金一角半至三角。生命之賤，至於此極，竟連草芥都不如了。有人會以為刑法上徒刑易科罰金，也不過一元以上三元以下折合一日，國家補償時以三元以上，五元以下折算，已經多了二元。對於這個問題，就數字來比較，已實似是而非。易科罰金是人民已經犯罪而判決確定，且限於罪之極輕微者，還要由法官斟酌決定，稍重之罪，便不許易科。冤獄補償是人民根本沒有犯罪，祇因官吏之違法或錯誤而受羈押，不僅在精神上受了損失，而且在物質上又受了損失，即停止作工，無法獲得報酬。總之，為什麼人民犯罪不能一律得以金錢贖回其自由，

而國家便可以低價收購人民的自由？其實，罰金是刑罰，是國家
儆戒犯罪、維持社會秩序的一種工具，其意義不在數額之多寡。
冤獄賠償是與民法對於侵權行為各項規定，站在同一法理基礎之
上，兩者是不可以相提並論的。

　　上面所說兩點，我們希望立法委員們能從長考慮，合理加以
補充和修正。自從《中美聯合公報》發表，政府已對海內外宣告
反攻大陸不憑藉武力，而從政治措施入手之後，大家更感覺台灣
有厲行民主、推進法治、修明內政、保護人權的迫切需要。但如
一個冤獄賠償制度都建立不起來，還談什麼法治與人權？還談什
麼政治號召和政治反攻？立法委員們能注意到這個問題，原是我
們應該引為快慰的。但是拖延了那末久——憲法施行已滿十一
年，才經該院司法委員會初審通過了一個草案，限制賠償範圍之
狹與賠償數額之小，實與現狀太不適合。這種「象徵性」的冤獄
賠償，不是人民所需要的，更不是人民所切望的，也不可能生發
生絲毫的宣傳作用，有之不如其無。我們政府有無決心在台灣實
行「六大自由」，我們寧可說，我們的代表立法委員們有無決心
去督促政府，厲行民主、推進法治與保障人權，這個合理的冤獄
賠償制度能否順利建立，實為一大試金石。

　　——《自由中國》，第20卷第5期，1959年3月1日。

廢止總動員法

短　評

　　行政院副院長王雲五近在立法院答詢時表示：根據總動員法所擬定的若干法規，其已不合適用者，政府正考慮廢止。

　　老實說，假使我們真還承認是實行民主而非「黨主」，像國家總動員會議組織條例，規定國民黨中央黨部秘書長，也是該會議常務委員會常務委員，又如何能不廢止？

　　嚴格說來，不但根據國家總動員法所擬訂的若干法規，早就應該廢止，即令是國家總動員法的本身，也已經勢難適用。此項法律，還是遠在民國三十一年公布施行的，原在貫澈抗戰目的。現抗戰結束已十三年之久，距離法律的制定更已有十七年之久。局面既已大不相同，保留的結果，只是給行政機關大開方便之門，可以找到濫權的根據，任意侵犯人民的自由權利而已。

　　為今之計，政府若真想正本清源，便該乾脆廢止國家總動員法。（正）

　　——《自由中國》，第20卷第6期，1959年3月16日。

多災多難的「冤獄賠償法草案」

——未被冤埋，又有被肢解的危險

社　論

　　依據台灣省各縣議會的請願、遵照憲法第二十四條的規定而制就的〈冤獄賠償法草案〉，在立法院的司法、法制、國防三委員會完成了審查程序以後，本月五日立法院的第十五次院會幾乎又把它冤埋了。

　　據報載，在這次立法院院會中，對於這個法案——已經討論經年且完成了審查程序的法案，居然有立委三十七人以「非常牽強」的理由，提出臨時動議，要把該法案重付審查。這一提議經連續表決兩次。第一次在場委員一七四人，贊成重付審查者七十六人；第二次在場委員仍為一七四人，贊成者增加到八十三人。但仍為少數。重付審查的提議卒被否決。

　　「重付審查」這一提議的真實意義，正像另一些有責任感的立法委員們所指責的，是想「再拖」，是想「阻撓」，是想把該法案也弄得「冤沉海底」。我們奇怪，提議重付審查和贊成這一提議的立委們，不也是所謂「人民代表」嗎？作為人民代表的人，對於一件保障人民自由權利的法案，為什麼想把它埋葬掉呢？在

我們百思不得其解的時候，有人說，這又是國民黨中央黨部的指示。

　　據說，五月四日國民黨中央政策委員會司法、國防、法制委員會曾開過一次聯席會議。在這次會議中決定了〈冤獄賠償法草案〉要重付審查，並於當晚（五月四日晚）通知了國民黨籍的立委。所以第二天（五月五日）在立法院院會中就有一部份【分】立委奉命提議了，但這一提議被否決了。這一提議被否決以後，當日（五月五日）國民黨中央政策委員會的三個委員會又開會商討「補救」辦法，經決定要把軍法劃分出來，不列在該法案的裏面。這一決定，於第二天（五月六日）通知該黨的立法委員，所以本月八日在立法院院會中對於這一點又展開了激烈的辯論，以致該法案第一條在這次會議中尚未通過。

　　冤獄賠償制度，本應該早已建立。本刊第二十卷第五期曾根據這次立法院審議的法案（全文見本年一月三十日《聯合報》），發表過一篇社論。我們把這個法案與各國同類的法律略加比較以後，我們認為這一法案只是一種象徵性的冤獄賠償。因為它所規定的賠償範圍未免太狹，而賠償金額也顯得太少。可是，儘管如此，我們還是希望它能夠早點完成立法程序，早點付諸實行。我們覺得，有了這個法，多少總可以叫執法者小心一點，多少可以使人民的自由權利少被侵害一點。想不到國民黨的中央決策者，竟連我們這一低度的願望也不讓達到，而要阻撓這個法案通過，

想把它再拖延下去；想不到竟有一部分號稱「人民代表」的立委，也居然違背自己應有的立場，而接受黨部這個亂命。

用「重付審查」的辦法來拖延這一法案的通過，其所持的理由，據說是怕國庫負擔不起這一筆賠償費。因為照司法行政部長谷鳳翔在立法院的報告，一年來就判決案件的正確性來說，刑事第一審的正確性僅為百分之五十六，第二審的正確性僅為百分之五十五（見四月二十六日《中央日報》）。換句話說，一年來的刑事案件，第一審的判決有百分之四十四是錯誤的，第二審有百分之四十五是錯誤的。這一事實的宣佈【布】，確使我們驚訝今天刑事案件的判決，竟有這麼高的錯誤率。但正因為刑事判決有這麼多的錯誤，所以我們更要趕快實行冤獄賠償法，一方面使受冤者多少得到一點補償，一方面使執法者有點警惕，因而減少錯誤。我們決不可反而因此來阻撓冤獄賠償法的通過。何況照該法案所擬定的賠償金額計算，每年可能支付的賠償費不會超過四百萬元（對本案有研究的立法委員曾作此估計）。以區區四百萬元的支出，來挽回歷年來因司法風紀之敗壞而喪失的人心，這是最便宜不過的事體。這樣的便宜事，國民黨的中央決策者竟有人要阻撓它。這些人究竟是愚昧呢，還是故意要拆國民黨的台因而也拆政府的台，故意叫人民憎惡國民黨因而也憎惡政府呢？愛護國民黨，愛護政府的人，不妨冷靜頭腦想想。

現在，該法案「重付審查」的提議，雖然被若干國民黨籍的

立法委員站在人民代表的立場把它否決掉。但是新花樣又出來了。這就是國民黨中央黨部的第二次指示，要把軍法從這個法案中劃分出來。這個企圖，又是沒有道理的胡鬧。軍法與普通司法，管轄的範圍儘管不同，審判的程序儘管不一樣，但兩者對於冤獄所應負的責任，沒有理由不可一致。冤獄賠償的規定，可以適用於普通司法的，為什麼不可以同樣地適用於軍法？何況這個法案在立法院初審的時候，列席的國防部代表也表示贊成，可見這個法案並沒有什麼不能適用於軍法的地方（見五月六日《聯合報》載立委張子揚所講的話）。主管軍法的國防部，對這一法案，不僅有其代表在口頭上作贊成的表示，而且也有書面意見，贊成軍法與普通司法的冤獄賠償，適用同一法律（見五月九日《聯合報》載立委徐漢豪引述的本年四月一日國防部函）。主管者對於所主管的事情，應該比非主管者了解得更清楚。為什麼主管軍法的國防部，贊成軍法與普通司法同樣適用一個〈冤獄賠償法〉，而非主管軍法的國民黨中央決策者，偏要堅持相反的主張呢？堅持這一主張，無異於要肢解這個法案。原來想用「重付審查」的辦法來冤埋它。冤埋不成，就想肢解。這就是所謂「以圖補救」的妙策！

　　本文脫稿的時候，〈冤獄賠償法草案〉雖已突破了第一道關，不再「重付審查」了，但它還在第二道關裏面掙扎。突破這第二道關，使這個法案不致被肢解，而仍包括軍法的冤獄賠償在內，

這還要靠國民黨籍而不願接受黨部亂命的立法委員們，不屈不撓地繼續力爭。本月五日在立法院院會中國民黨籍的鄧翔宇委員說：「有人勸我今日院會時最好不要說話。處在今日亂世，最好是不說話。但因爲感到本身的職務是立法委員，實有不能不說話的責任。」這是幾句很沉重而有責任感的話。我們希望它在立法院中發生點「立懦廉頑」的效果。去年出版法修正案的通過，立法院的聲譽曾經一落千丈，現又臨到院譽消長之機了。

我們這麼積極主張冤獄賠償法的早日實施，還有兩點可說的。第一、我們之所以如此主張是基於一個樂觀的希望。希望今天的這般司法——爲大家所詬病的司法，終有好轉的一天，清明的一天。如果我們不是抱這種希望的話，我們寧可沒有冤獄賠償法這樣東西。因爲照近年來司法方面若干胡作妄爲，而又敢於蠻幹到底的作風（「奉令不上訴」案是蠻幹到底的一個顯例）看來，有了〈冤獄賠償法〉，或者更使受冤者永無平反的希望。明瞭今日台灣司法實情的，不少人有這種想法。可是，我們不願意這樣想，我們基於司法有轉向清明的希望，所以仍積極主張〈冤獄賠償法〉的早日實行。第二、我們雖主張早日實行這個〈冤獄賠償法〉，但我們並不以這個法案爲我們法治的充分條件。冤獄賠償法只是實現憲法第二十四條後半段的規定，至於前半段「公務員違法侵害人民之自由或權利者，除依法懲戒外，應負刑事及民事責任」的規定，還要另制法律來實現。尤其是軍警機關到今天還

在使用慘無人道的刑訊。（經報刊揭露過的如官家良案，大秦紗廠的技工趙震青與張成士案，不過是刑訊下許許多多的犧牲者之一二例子而已）刑訊，在我國現行法律中是找不出根據的。使用刑訊的公務員應負刑事責任，不能止於憲法上原則的規定，應該趕快制成法律，嚴格執行。行政院前有權責研究委員會所提出的「保障人權改進方案」，後有行政改革委員會所提出的「切實保障人權案」。要保障人權，還能讓刑訊繼續存在嗎？所以我們主張繼冤獄賠償法之後，應該趕緊制定公務員刑事責任法，進一步地來制裁公務員侵害人民自由權利的行為。

　　　　——《自由中國》，第20卷第10期，1959年5月16日。

請速停辦「大陸來台國民調查」！

社　論 *

　　從十一月十一日起，省政府辦理本年度戶口總校正時，忽同時舉辦一項所謂「大陸來台國民調查」，並預定在這個月二十五日完成。按照省政府的規定，凡在民國三十四年以前出生之「大陸來台國民」，均須加填「大陸來台國民調查表」一份【分】，除掉應填明自己的「出生別」、「出生年月日」及「本籍」以外，尚須填明「本籍居住期間」、「客籍」、「客籍居住期間」、「最高學歷」、「主要經歷」以及「來台年月」等等；同時，還須另在「親屬詳情」欄內，把自己的祖父母、父母、兄弟、姊妹、配偶、子女、孫子女等上下三代的「姓名」、「年齡」、「職業」、「有無來台」等一一填明，甚至還要在「備考」欄內另加詳細附註。

　　此項調查開始後，即引起自由中國各階層的普遍疑懼。到了十一月十七日，儘管省政府民政廳發言人又就此事公開發表了一篇自問自答的書面聲明，但大家的疑懼並未因此消除或減輕。相反的，立監兩院卻紛紛提出反對意見，並先後通過臨時動議，要求主管當局將有關規定送審和到院報告。到了十一月二十五日，

* 編註：本文由雷震、傅正主筆。

內政部長田炯錦及省政府民政廳副廳長張騰發的解釋，依然還是相同。其實，我們只要稍加分析，便知道諸如民政廳的此類說法，是站不住的；而此項調查，是應該立刻停止辦理的。

　　省政府的舉辦此項調查，其最後的根據，據民政廳發言人說：「係奉行政院令舉辦，依照呈奉行政院令准之大陸來台國民調查實施要點規定」。可是，行政院雖然是國家最高行政機關，却仍須嚴守「依法行政」之原則。所以，行政院的命令，非但不得與法律牴觸，而且非有法律依據，不得侵害人民權利，或使人民負擔義務。然而，現在舉辦的此項調查，情形與此恰恰相反。關於這一點，立法委員李公權等三十五人在十一月二十日提出的臨時動議案中，便說得十分明白：

　　查戶口調查、戶籍登記、國民身份【分】證事項之辦理，戶
　　籍法、戶口普查法及戶籍法施行細則等有關法規，均有詳細
　　規定，而憲法對於人民之權利與義務亦有專章，是政府與人
　　民在法令之前各有所守。

於是李委員等才進而要求行政院依據中央法規制定標準法之規定，將所頒〈大陸來台國民調查實施要點〉送審，而獲得立法院的無異議通過。很明顯，像這樣一種涉及憲法所保障的人民自由權之措施，僅僅憑行政院一紙命令，在法律上是站不住的。

　　此項措施，在法律上站不住的理由，我們既然已經說明，現在不妨進一步探討：此舉將發生怎樣的後果？

　　據民政廳發言人的解釋，此項調查之目的，「係爲明瞭大陸來台國民狀況，以作反攻大陸時運用之參考」。但是，在我們看來，民政廳所宣稱的此種目的根本不可能達到。現在，姑不問調查對象以「三十四年」以前出生而加以硬性劃分是否合理，只就下面一項簡單的事實來說，絕大多數從大陸流亡來台的人，這麼多年以來，與大陸上的親屬，都是音信不通，連生死存亡也不知道，試問又能填出點甚麼資料給政府參考？監查委員葉時修說得好：「主辦此事的內政部長或省主席，是否清楚他們在大陸上的親友還健在？生活如何？如果他們自己都不曉得而來調查我們的親友，我們又怎麼會知道？」簡括說，至少由於事實的限制，政府不可能從此項調查中，獲得甚麼反攻大陸的參考資料的。

　　其實，像這樣的一種調查，非但無從達到省政府所宣稱的目的，而且勢必造成一些惡劣的後果。關於這一層道理，大家說得最多。例如立法委員王鴻韶便說：「替本省與外省人加以區別，將來可能引起不良後果」。立法委員牛踐初也說：「無形之間，將本省人與大陸人分開」。同時，監察委員曹德宣更進一步指出：「政府調查大陸來台國民的措施，台灣人認爲政府重視大陸人而不重視台灣人，大陸來台的人則認爲政府不信任大陸來台的國民，因而發生兩種不必要的誤會」。事實上，這樣劃分的結果，只有使得「本省人」和「外省人」的地域差別，更爲明顯；促使彼此間的鴻溝，更形擴大；乃至於破壞了團結。至於當此節約重建災區

聲中，憑空又要增加幾十萬或幾百萬的開支，更是莫大的浪費。假使政府的本意，真如田部長事後所說可由國民自由填報，則用那麼一大筆錢，印那麼多的表，豈非存心浪費？

不過，此項調查，既缺乏法律上的根據，又不可能達到省政府宣稱的目的，而且還可能發生惡劣的後果，行政院何以會命令省政府辦理呢？這便使人不得不揣測政府的真實動機何在。坦白說一句，今天全國上下之所以深引為疑懼者，主要的關鍵，可能就是在這裏。

大家都還清楚地記得：政府對於所謂「大陸來台國民」，過去曾兩度企圖舉辦類似的調查：一次是在政府來台灣不久擬舉辦的所謂公務人員「聯保」，一次是年前擬舉辦的所謂國民「安全調查」。這兩次調查，雖然名稱有異，範圍不同，但性質是一樣的。可是，都因為與憲法賦予人民的自由權利精神不符，而在立法院的反對下作罷。不過，在四十四年底，國民黨終於在黨內舉辦過一次「自清運動」，規定每一個黨員，須填十五種表格，其中便有一份【分】「大陸關係清查表」，也包括有「親屬關係清查」在內。可是那次調查，也是無疾而終。

根據過去這些事例，我們便可以知道：這一次的「大陸來台國民調查」，實際上還是過去「聯保」、「安全調查」、「自清運動」的翻版和擴大而已。因此，所謂「作反攻大陸時運用之參考」云云，多半是掩飾之詞。事實上，是政府希望每一個所謂「大陸來

台國民」，把自己過去的歷史以及上下三代的情形，都能毫無保留的交給政府，如同國民黨在「自清運動」中要求每一個黨員，把一切直接間接的關係，都交付給國民黨一樣。

總之，無論是「聯保」、「安全調查」、「自清運動」、以至於「大陸來台國民調查」，都是一個思想模型下的產物，是對被調查人人格尊嚴的侮辱以及自由權利的侵犯。不過，我們仍舊希望這只是出於主管業務人員的幼稚和錯誤，並非政府存心用警察國家的手法，來對待「大陸來台國民」。現在，行政院儘可立刻下令停辦，用來解除大家的疑懼。否則，立監兩院便該負起責任，制止這種錯誤的行政措施。

——《自由中國》，第21卷第11期，1959年12月5日。

國家圖書出版品預行編目資料

《自由中國》選編 / 薛化元等編著. -- 初版. --

臺北縣板橋市：稻鄉，2003〔民 92〕

冊；公分

ISBN：986-7862-27-9（全套：平裝）

1.政治 － 臺灣 － 論文，講詞等

573.07   92015582

《自由中國》選編　選集2
司法與人權

編　　者：薛化元、李福鐘、孫善豪
　　　　　陳儀深、潘光哲
指　　導：文化總會
企　　畫：自由思想學術基金會
出　　版：稻鄉出版社
地　　址：台北縣板橋市漢生東路 53 巷 28 號
電　　話：(02) 22566844、22514894
傳　　真：(02) 22564690
郵撥帳號：1204048-1
登 記 號：局版台業字第四一四九號

印　　刷：美原印刷有限公司
整套定價：新台幣 2500 元
定　　價：新台幣 270 元
初　　版：西元 2003 年 11 月
Ｉ Ｓ Ｂ Ｎ：986-7862-27-9